COURS

ÉLÉMENTAIRE ET PRATIQUE

D'ADMINISTRATION MILITAIRE,

A L'USAGE DES

SOUS-OFFICIERS, CAPORAUX OU BRIGADIERS ET SOLDATS

De toutes Armes.

Typographie FÉLIX MALTESTE et C°, rue des Deux-Portes-St-Sauveur, 22

COURS

ÉLÉMENTAIRE ET PRATIQUE

D'ADMINISTRATION MILITAIRE,

A L'USAGE DES

SOUS-OFFICIERS, CAPORAUX OU BRIGADIERS ET SOLDATS

De toutes Armes,

PAR

M. GONVOT,

Ancien commis entretenu des bureaux de l'Intendance
militaire.

PARIS,

LIBRAIRIE MILITAIRE DE BLOT,

PLACE DE L'HÔTEL-DE-VILLE, 33.

—

1849

1850

NOTE DE L'AUTEUR.

Dans le but de porter à la connaissance de MM. les Officiers qui ne sont pas comptables, et de tous les Sous-Officiers et Soldats de l'armée, la partie des réglemens qui consacrent leurs droits aux différentes prérogatives et prestations en nature, et tracent les règles qui en déterminent l'allocation, j'ai fait publier, en 1845, un *Cours complet* sur tous les services de l'armée.

Le succès toujours croissant de cette publication atteste que j'ai au moins approché du but que je m'étais proposé d'atteindre ; mais un ouvrage qui embrasse tout ce qui concerne MM. les Officiers, rapporte forcément une infinité de dispositions qui, étrangères aux Sous-Officiers et Soldats, sont pour ceux-ci un surcroît de dépense et un embarras dans l'étude de ce qui les intéresse. Aussi n'ai-je pas hésité à déférer à la demande qui m'a été faite de former, dans le genre de celui de 1845, un recueil ne comprenant que ce qui est applicable aux Sous-Officiers et Soldats.

Dans cette opération, considérant que la majeure partie de ceux-ci sont peu familiarisés avec le principe réglementaire d'administration, j'ai cru devoir, pour en faciliter l'étude, faire précéder chaque service d'une définition d'ensemble; diviser le travail par leçons de principes et l'établir par demandes et par réponses. Je dis leçons de principe, parce que chacune d'elles traite un titre réglementaire qui ne pourrait être divisé sans détruire la méthode qui est la base essentielle du classement des matières. Il y a donc des leçons qui demanderont plusieurs séances, tandis que dans bien des cas, on pourra traiter plusieurs leçons dans une même séance.

Enfin, les Sous-Officiers, Caporaux ou Brigadiers et Soldats, trouveront ici tous les principes réglementaires sur :

Le recrutement, la réserve et la libération du service;

La solde et les revues; le chauffage, l'éclairage, le gîte et géolage et les prisons;

Les tarifs de solde;

La comptabilité des corps de troupes;

Le service des subsistances;

Le service des lits militaires;

Le service des convois;

Le service des frais de route;

Le service des hôpitaux;

Et les retraites.

AVIS DE L'ÉDITEUR.

« Notre gratitude pour l'armée nous a toujours fait accueillir avec empressement tout ce qui nous a paru de nature à contribuer à lui faciliter l'étude de ses droits et de ses devoirs ; aussi n'avons-nous pas hésité à nous charger de la nouvelle publication d'un de nos meilleurs auteurs en matière d'administration militaire.

L'opinion que nous émettons ici est depuis long-temps chez nous une conviction ; mais dans le but de la faire partager à l'armée, et lui donner l'assurance que ce que nous lui offrons aujourd'hui est traité avec toute l'importance que mérite son sujet, nous citerons ici textuellement l'opinion émise par les écrivains distingués du *Spectateur militaire* sur le dernier ouvrage de M. Gonvot.

« Sous le titre de : *Législation militaire officielle*,
» M. Gonvot, ex-commis entretenu des bureaux de
» l'intendance militaire, a conçu la pensée de publier
» par nature de service, toutes les dispositions législa-
» tives et réglementaires qui se trouvent éparses dans
» le *Journal militaire officiel*. Cette pensée est bonne

» et utile ; car la collection du *Journal militaire* est
» considérable aujourd'hui , et ne peut plus guère être
» consultée que dans les bibliothèques où elle occupe
» plus d'un rayon. Il est cependant des fonctionnaires
» de l'armée qui ont besoin à chaque instant d'avoir
» sous les yeux les ordonnances, règlemens, circulai-
» res, décisions ministérielles, dont ils sont tenus de
» prescrire ou de faire eux-mêmes l'application ; dans
» plus d'un cas, leur embarras est extrême, lorsqu'ils
» doivent se reporter à des instructions dont ils ont
» quelquefois oublié la date ; rien ne peut leur donner
» la certitude qu'ils n'ont pas commis d'omission ou
» d'erreur dans les recherches qu'ils ont faites, puis-
» que le *Journal militaire* enregistre par ordre chro-
» nologique seulement, toutes les pièces officielles qui
» lui sont adressées, sans distinction des natures de
» services qui s'y trouvent ainsi confondues. L'idée
» d'extraire de cette vaste collection les matières rela-
» tives à chaque partie de l'administration générale
» de la guerre, a donc été heureuse en ce qu'elle offre
» en un seul volume l'ensemble des dispositions à con-
» sulter, et le guide à suivre dans les affaires à traiter.
» M. Gonvot, pour être conséquent avec le système
» qu'il a adopté, a commencé par le mode d'admission
» dans l'armée; il a compris dans un volume de 324
» pages toutes les parties qu'embrasse le recrutement.
» Cette matière, divisée par l'auteur du livre en six
» chapitres, est classée avec méthode, et facilite l'in-
» telligence des nombreux documens que tous les fonc-

» tionnaires militaires sont obligés d'étudier fréquem-
» ment. »

Ne croyant pas utile de rapporter ici l'examen détaillé sur tous les chapitres du livre, nous passons à la
conclusion ainsi conçue :

« En résumé, l'ouvrage dont nous rendons compte
» à nos lecteurs, est ce qu'il y a de mieux fait et de
» plus utile parmi toutes les publications offertes au
» public, même avec autorisation ministérielle. Ici,
» l'on sent le discernement de l'homme qui a pratiqué
» lui-même et qui possède parfaitement la matière
» dont il parle. Ce n'est pas une de ces compilations
» aveugles et indigestes où tout est entassé sans intel-
» ligence, dans lesquelles le malheureux souscripteur,
» dupé par le titre pompeux du livre, se débat au
» milieu du fatras de dispositions incohérentes et su-
» rannées ; c'est le choix de tout ce que l'administra-
» tion centrale a publié pour l'application des lois et
» ordonnances, mais le choix fait avec discernement
» et méthode, qui tient compte du temps, c'est-à-dire,
» qui sait ce qui est resté en arrière comme abrogé,
» ou ce qui a été rajeuni par des modifications posté-
» rieures et récentes. Le titre seul de *Législation offi-*
» *cielle* nous donnera lieu de faire une observation
» critique. Nous comprendrions difficilement une lé-
» gislation qui ne serait pas officielle ; aussi croyons-
» nous que le travail de M. Gonvot est plutôt du droit
» administratif militaire que de la législation propre-
» ment dite ; mais nous savons combien un titre exact

» est difficile à trouver, et nous le félicitons de n'avoir

» pas employé le mot Code, devenu presque ridicule,

» tant on en a abusé depuis quelque temps. »

Il existe, sous différens titres, plusieurs ouvrages destinés, comme celui-ci à porter à la connaissance des sous-officiers et soldats les principes du droit administratif militaire. Tous sont exacts en ce qu'ils rapportent ; mais, avec le défaut de n'en traiter qu'une partie, ils présentent l'inconvénient de fatiguer l'attention des militaires auxquels ils sont destinés en leur posant des questions de haute administration qui leur sont tout à fait étrangères, tandis que nous pouvons donner l'assurance que le nôtre, établi par un homme consciencieux, possédant par expérience tous les services de l'armée, ne laisse rien à désirer. Enfin, nous pouvons dire comme le *Spectateur mili-taire* : « *Ce n'est pas une de ces compilations, indigestes, aveugles, où tout est entassé sans intelligence, mais le choix fait avec discernement et méthode de tout ce qui peut intéresser les Sous-Officiers et Soldats sur tous les services en général.*

TABLEAU SYNOPTIQUE DES MATIÈRES.

PREMIÈRE PARTIE.

Recrutement de l'armée, réserve et libération du service.

DEUXIÈME PARTIE.

De l'avancement dans l'armée.

TROISIÈME PARTIE.

Solde et revues et comptabilité intérieure des corps de troupe.

TITRE PREMIER.

DE LA SOLDE ET DES REVUES.

CHAPITRE V.

TITRE II. —

COMPTABILITÉ INTÉRIEURE DES COMPAGNIES, ESCADRONS, BATTERIES ET DÉTACHEMENT.

QUATRIÈME PARTIE.

Logement et casernement, habillement, lits militaires, frais de route, convois et hôpitaux.

TITRE PREMIER.

LOGEMENT ET CASERNEMENT.

TITRE II.

TITRE III.

TITRE IV.

FRAIS DE ROUTE.

TITRE V.

TITRE VI.

CINQUIÈME PARTIE.

Des retraites et des pensions.

TITRE UNIQUE.

TABLE ALPHABÉTIQUE DES MATIÈRES.

2

FIN DE LA TABLE.

PREMIÈRE PARTIE.

DU RECRUTEMENT DE L'ARMÉE, DE LA RÉSERVE ET DE LA LIBÉRATION DU SERVICE.

Nota. Avant de parler de l'administration de l'armée, nous avons cru qu'il était rationnel d'indiquer comment elle se forme, et c'est par suite de cette pensée que nous avons commencé par le recrutement.

En suivant l'ordre que nous établissons ici, la réserve, et la libération du service, comprises dans le titre qui précède, devraient se trouver à la fin du volume; mais attendu qu'elles sont régies par la loi du recrutement, nous n'avons pas cru pouvoir les en détacher.

LEÇON PREMIÈRE.

Du recrutement

Art. 1er. **D.** Comment se fait le recrutement de l'armée ?

R. Par des appels, par des engagemens volontaires et par des réengagemens.

2. **D.** Quels sont les moyens dont le gouvernement dispose pour opérer le recrutement militaire de l'armée ?

R. Les dépôts de recrutement.

D. Où sont placés ces dépôts ?

R. Dans chaque chef-lieu de département.

D. Les sous-officiers entrent-ils dans la composition du personnel des dépôts de recrutement.

R. Oui, en raison de deux pour chaque dépôt.

3. **D.** Quelle est la solde qui leur est allouée.

R. Les sous officiers reçoivent la solde affectée aux militaires de leur grade dans le corps dont ils sont détachés, avec un supplément de 40 centimes par jour ; ceux qui appartiennent à une compagnie d'élite jouissent de la solde attribuée à cette position ; la haute-paie d'ancienneté et la prime journalière d'entretien de la masse individuelle leur sont également allouées sur le pied fixé pour leur arme et leur grade.

4. *D.* Comment sont-ils payés ?

R. Sur les états établis par les commandans de recrutement au titre du corps dont chaque militaire fait partie.

Section 1re. — Des appels.

5. *D.* Comment se font les appels ?

R. En vertu de lois annuelles votées par la Chambre législative.

Section 2. — Des engagemens.

6. *D.* Comment doivent être contractés les engagemens ?

R. Devant l'autorité civile, dans la forme prescrite par les articles 34 à 40, 42 et 44 du Code civil.

Les maires de chefs-lieux de canton sont seuls autorisés à recevoir des engagemens volontaires.

Section 3. — Des rengagemens.

7. *D.* Quels sont les militaires qui peuvent se rengager ?

R. Tous ceux en activité de service dans la dernière année de celui qu'ils doivent aux termes de la loi.

8. *D.* Pour combien de temps un militaire en activité de service peut-il se rengager ?

R. Deux, trois, quatre ou cinq ans, sans pouvoir dépasser ce dernier terme.

9. *D.* Par qui sont reçus les rengagemens ?

R. Par les sous-intendans militaires, sur l'autorisation des généraux commandant les divisions ou subdivisions.

10. *D.* Quelles sont les conditions voulues pour être admis à se rengager et les formalités à remplir ?

R. Tout militaire qui voudra se rengager devra réunir les conditions suivantes :

1° Être dans le cours de sa dernière année de service ;

2° Être sain, robuste et en état de faire encore un bon service ;

3° N'avoir pas cinquante ans d'âge, et trente ans de service accomplis.

11. *D.* Quelles sont les pièces à produire par le militaire qui demande à se rengager ?

R. Le militaire qui se présente pour contracter un rengagement, doit produire une attestation du chef du corps où il sert, constatant qu'il réunit les qualités requises pour faire un bon service, qu'il a toujours mené une bonne conduite et qu'il peut y rester.

12. Les commandans de recrutement sont aptes à délivrer le certificat d'aptitude des sous-officiers attachés aux dépôts de recrutement.

13. Si l'homme qui demande à se rengager désire changer de corps, il doit produire en outre un certificat du chef de celui dans lequel il veut entrer, constatant que l'effectif permet de l'admettre.

14. *D.* Comment doivent procéder les militaires en congé qui demandent à se rengager ?

R. Les militaires en congé qui désirent se rengager, doivent former leur demande devant le sous-intendant militaire de leur département, à qui ils doivent justifier qu'ils sont dans la dernière année de service et produire :

1° Un certificat d'aptitude délivré par l'officier de recrutement, portant qu'il réunit les qualités requises pour faire un bon service ;

2° Un certificat du chef du corps constatant qu'il y a toujours tenu une bonne conduite, et s'il est absent depuis plus de trois mois, il doit produire en outre un certificat pareil du maire de sa commune ;

3° Un certificat du chef du corps dans lequel il demande à entrer, constatant qu'il peut y être admis.

15. Le militaire en congé temporaire dans ses foyers, qui a contracté un rengagement, doit être immédiatement mis en route pour le corps dans lequel il a demandé à servir.

16. Tout homme auquel il a été donné un congé définitif n'est plus admis à se rengager.

Les militaires qui ont cinquante ans d'âge et trente ans de service accomplis ne sont pas admis à se rengager.

SECTION 4. — Des remplacemens dans les corps.

17. *D.* Dans quelle position les militaires peuvent-ils se faire remplacer ?

R. Les militaires incorporés ont la faculté de se faire remplacer à leur corps ; mais cette faculté de faveur ne leur est accordée qu'autant que des motifs graves, ou des intérêts majeurs, exigent leur retour dans leur famille.

18. Les militaires faisant partie de la réserve sont exclus de cette faveur.

19. *D.* Quelles sont les formalités à remplir par les militaires qui demandent à se faire remplacer ?

R. Les autorisations nécessaires pour être admis à se faire remplacer, sont délivrées sur la proposition des conseils d'administration des corps, par les généraux commandant les subdivisions.

20. *D.* Quel est le temps de service à faire par les remplaçans ?

R. Le remplaçant, soit qu'il ait servi, soit qu'il n'ait pas servi, ne sera tenu d'accomplir que le temps de service qui restait à faire au remplacé ; toutefois, ce temps ne pourra être moins de trois ans, quelle que soit l'époque du remplacement, lorsque le remplaçant n'aura pas servi dans l'arme à laquelle appartient le remplacé.

21. *D.* Le militaire admis à se faire remplacer n'a-t-il pas une indemnité à payer à l'État?

R. Tout militaire admis à se faire remplacer dans son corps doit, s'il a reçu l'habillement à son arrivée, verser au Trésor, pour l'habillement et l'équipement de son remplaçant, la somme fixée pour chaque arme par le tarif ci-annexé, et fournir une somme égale au complet réglementaire de la masse, et, de plus, le montant de la première mise de petit équipement fixée pour l'arme.

22. Lorsque le remplacement a lieu entre hommes du même corps, au moment de la libération du remplaçant, il n'y a pas lieu, pour le remplacé, à payer les indemnités ci-dessus.

23. *D.* Qui peut être reçu comme remplaçant?

R. Tout homme légalement libéré du service, et qui n'est point marié, peut être reçu comme remplaçant jusqu'à l'âge de trente-cinq ans dans le corps où il servait avant sa libération, et seulement jusqu'à l'âge de trente ans dans un autre corps.

24. Les militaires qui ont concouru sans succès pour l'École polytechnique, ne peuvent se faire remplacer à leur corps que sur l'autorisation du ministre, et seulement après avoir servi activement pendant deux ans sous les drapeaux.

25. Les caporaux ou brigadiers sous les drapeaux, admis à remplacer dans le corps, ainsi que les grenadiers, carabiniers ou voltigeurs, peuvent être maintenus dans la position qu'ils occupaient au moment de leur libération.

26. *D.* Quelle est la responsabilité du remplacé en cas de désertion de son remplaçant?

R. Le remplacé sera, pour le cas de désertion, responsable de son remplaçant pendant un an, à compter du jour de l'acte passé devant le préfet. Il sera libéré si le remplaçant meurt sous les drapeaux, ou, si, en cas de désertion, il est arrêté pendant l'année.

27. Toute substitution, tout remplacement effectué soit en contravention des dispositions de la loi, soit au moyen de pièces fausses ou de manœuvres frauduleuses, seront déférées aux tribunaux, et, sur le jugement qui prononcerait la nullité de l'acte de substitution ou de remplacement, l'appelé sera tenu de rejoindre son corps ou de fournir un remplaçant dans le délai d'un mois, à dater de la notification de ce jugement.

28. D'après l'article 23 de la loi, il faut, pour que le remplacé soit tenu de partir ou de fournir un autre homme pour le cas de désertion, que l'année de responsabilité soit expirée.

Il est bien entendu, d'ailleurs, que les jeunes soldats remplacés seront soumis aux conséquences de la responsabilité imposée par l'article 24 de la loi, autant de fois que la désertion se reproduira avant l'expiration de ladite année de responsabilité.

29. Les remplacemens par des militaires déjà incorporés offrant

en général les meilleures garanties, le ministre, par ses instructions des 19 août 1832 et 9 juin 1836, indique les moyens qui peuvent faciliter ces remplacemens, et pour atteindre ce but, MM. les officiers généraux commandant les divisions pourront autoriser, sur les demandes des chefs de corps transmises par la voie hiérarchique, le rappel sous les drapeaux de tout militaire en congé illimité, qui aurait traité pour devenir remplaçant, s'il réunit d'ailleurs les conditions requises.

DEUXIÈME LEÇON.

De la réserve.

30. D. Comment se compose la réserve ?

R. La réserve se compose des jeunes soldats des classes appelées, faisant partie des contingens restés dans leurs foyers ; des militaires envoyés par les corps en congé illimité et de ceux libérés par anticipation.

31. Tous les hommes faisant partie de la réserve, lorsqu'ils sont dans leur dernière année de service, peuvent obtenir des généraux des permissions de mariage.

32. Des exceptions très rares peuvent être faites en faveur de ceux qui sont liés au service pour plus d'un an ; par exemple, pour des considérations morales, telles qu'une circonstance qui intéresserait l'honneur des familles ; dans ce cas, les demandes sont transmises au ministre par les lieutenans-généraux ; le ministre statue dans ce cas.

33. Les hommes de la réserve, qui sont dans leur dernière année de service, qui demanderaient à rentrer sous les drapeaux, faute de moyens d'existence, ne peuvent y être admis qu'en contractant un rengagement.

TROISIÈME LEÇON.

De la libération du service.

SECTION 1. — Époques de la libération.

34. D. Quelles sont les époques de la libération du service ?

R. La durée du service militaire étant de sept ans qui comptent, pour les appelés, à partir du 1er janvier de l'année où ils ont été inscrits sur les registres matricules de l'armée, leur libération doit avoir lieu, *en temps de paix*, le 31 décembre de la septième année qui suit cette immatriculation.

En temps de guerre, ils sont libérés immédiatement après l'arrivée du contingent destiné à les remplacer.

35. Les jeunes soldats qui, à l'expiration des sept années fixées par la loi, n'ont pas été appelés sous les drapeaux, et sont restés dans leurs foyers, sont censés avoir accompli le temps de leur service et ont conséquemment droit à leur libération.

36. Le temps de service des enrôlés volontaires comptant du jour qu'ils ont contracté leur engagement devant l'autorité civile, ils doivent être libérés, *en temps de paix comme en temps de guerre*, le jour même de l'expiration de leur septième année de service.

Les jeunes soldats des classes appelées qui s'engagent avant les opérations du conseil de révision, ne comptent leur service que du jour de leur engagement.

Section 2. — Réduction dans les services.

30. **D.** Comment décompte-t-on les services pour la libération?

R. Tout jeune soldat qui, ayant reçu un ordre de route ne se sera pas rendu à sa destination au jour fixé par cet ordre, sera, après un mois de délai, et hors le cas de force majeure, considéré comme *insoumis*.

38. L'enrôlé volontaire doit prendre une feuille de route dans les vingt-quatre heures de son engagement et arriver à son poste dans les délais déterminés par cette feuille de route, sous peine d'être déclaré *insoumis* dans le délai d'un mois.

39. Le temps pendant lequel le jeune soldat et l'enrôlé volontaire se sont trouvés en état *d'insoumission*, est déduit du temps de service pour la libération.

Toute absence des drapeaux qui n'aura pas été régulièrement autorisée, est déduite des années exigées.

40. Ne compte pas pour les années exigées, le temps passé dans l'état de détention, en vertu de jugement rendu soit par un tribunal civil correctionnel, ou criminel, soit par un tribunal militaire pour quelque cause que ce soit.

41. Les jeunes gens qui se seraient rendus impropres au service militaire, soit temporairement, soit d'une manière permanente, et qui ont été renvoyés dans leurs corps par suite de jugement, sont tenus de faire les sept années exigées par la loi, à compter du jour de leur incorporation.

42 Les militaires condamnés comme déserteurs, et ensuite rentrés sous les drapeaux à l'expiration de leur peine, ne comptent pas pour les années exigées, le temps qui s'est écoulé depuis le jour de la désertion, jusqu'à celui où ils ont reçu une feuille de route pour rejoindre leur corps.

DEUXIÈME PARTIE.

DE L'AVANCEMENT DANS L'ARMÉE.

PREMIÈRE LEÇON.

Des conditions d'avancement.

43. D. Quelles sont les conditions d'avancement dans l'armée ?
R. Nul ne pourra être caporal ou brigadier s'il n'a servi activement, au moins six mois comme soldat, dans un des corps de l'armée. Nul ne pourra être sous-officier s'il n'a servi activement, au
moins six mois, comme caporal ou brigadier.

44. Nul ne pourra être sous-lieutenant :

1° S'il n'est âgé au moins de dix-huit ans ;

2° S'il n'a servi au moins deux ans dans un des corps de l'armée,
ou s'il n'a été pendant deux ans élève des écoles militaires ou Polytechnique, et s'il n'a satisfait aux examens desdites écoles.

45. Tous les militaires de l'armée seront reçus jusqu'à 25 ans à
subir les examens pour l'école Polytechnique.

46. Le temps de service exigé pour passer d'un grade à un autre
pourra être réduit de moitié, à la guerre et dans les colonies.

Il ne pourra être dérogé aux conditions de temps imposées par le
§ qui précède, pour passer d'un grade à un autre, si ce n'est :

1° Pour actions d'éclat duement justifiées et mises à l'ordre du
jour de l'armée ;

2° Lorsqu'il ne sera pas possible de pourvoir autrement au remplacement des vacances dans les corps en présence de l'ennemi,

DEUXIÈME LEÇON.

De la hiérarchie des grades et de la nomination aux emplois.

Section 1. — De la hiérarchie militaire.

47. **D.** Comment se compose la hiérarchie militaire ?
R. La hiérarchie militaire se compose des grades ci-après :

Caporal ou brigadier.
Sous-officier.
Sous-lieutenant.
Lieutenant.
Capitaine.
Chef de bataillon, chef d'escadron ou major.
Lieutenant-colonel.
Colonel.
Général de brigade.
Général de division.
Et maréchal de France.

48. Le grade de caporal comprend les emplois de caporal et de caporal-fourrier.

49. Le grade de brigadier comprend les emplois de brigadier et de brigadier-fourrier.

50. Le grade de sous-officier comprend les emplois de sergent et de maréchal-des-logis, de sergent-fourrier et de maréchal-des-logis-fourrier, de tambour-major et de trompette-major, de sergent-major et de maréchal-des-logis-chef, et d'adjudant.

51. *D.* Quel est le rang dans les différens grades et la supériorité dans chaque grade ?

R. Le rang des caporaux et des brigadiers est déterminé entre eux par l'ancienneté dans le grade.

Cette ancienneté est comptée du jour où la nomination au grade a été mise à l'ordre du jour du régiment.

A égalité d'ancienneté de grade, le rang des caporaux ou des brigadiers entre eux, est déterminé par la date de l'arrivée sous les drapeaux, ensuite par l'âge, et enfin par le sort.

Les caporaux-fourriers et les brigadiers-fourriers commandent à tous les caporaux et brigadiers. A égalité d'ancienneté d'emploi, les caporaux-fourriers et les brigadiers-fourriers prennent rang entre eux d'après leur ancienneté dans le grade de caporal ou de brigadier.

52. Le rang des sous-officiers exerçant le même emploi ou classés ensemble, est déterminé entre eux par l'ancienneté dans l'emploi.

Cette ancienneté est comptée du jour où la nomination à l'emploi a été mise à l'ordre du jour du régiment.

A égalité d'ancienneté d'emploi, les sergens-majors ou maréchaux-des-logis-chefs, ainsi que les adjudans, prennent rang dans leurs emplois respectifs, suivant la date de leur nomination à l'emploi de sergent ou de maréchal-des-logis ; à égalité dans cet emploi, leur rang se règle comme pour les caporaux et les brigadiers.

53. La supériorité d'emploi donne le même droit au commandement que la supériorité de grade ; dans le grade de sous-officier, le sergent-major ou maréchal-des-logis-chef est le supérieur du sergent ou du maréchal-des-logis ; l'adjudant est le supérieur du sergent-major ou du maréchal-des-logis-chef.

54. Nul ne peut exercer les fonctions d'un grade supérieur ou inférieur au sien que transitoirement ; en cas de vacance ou en l'absence d'un titulaire.

Section 2. — Règles générales pour l'avancement et la nomination aux emplois.

§ Ier. — Avancement au grade de caporal ou de brigadier et aux emplois de grade de sous-officiers.

55. *D.* Comment a lieu l'avancement?

R. L'avancement au grade de caporal ou de brigadier et aux emplois du grade de sous-officiers a lieu au choix.

56. *D.* Par qui sont faites les nominations?

R. Sauf les cas exceptionnels prévus par l'ordonnance, les nominations sont faites par le chef du corps, qui choisit parmi les sujets portés sur le tableau d'avancement, présens au corps ou détachés pour le service.

57. *D.* Par qui sont demandés les emplois?

R. Pour les emplois de sergent-fourrier ou de maréchal-des-logis-fourrier, de sergent-major ou de maréchal-des-logis-chef, le commandant de la compagnie, de l'escadron ou de la batterie où l'emploi est vacant, présente trois candidats portés sur le tableau d'avancement. Sa proposition est remise par lui au major qui la transmet avec ses observations au chef de corps, lequel nomme un des trois sujets proposés.

Conditions d'avancement.

58. *D.* Quelles sont les conditions exigées pour être nommé caporal ou brigadier.

R. Il faut :

1° Avoir servi activement pendant six mois au moins dans un des corps de l'armée ;

2° Savoir lire et écrire ;

3° Connaître les fonctions de ce grade, définies dans les règlemens sur le service intérieur, le service des places et celui des armées en campagne, ainsi que les principales dispositions du Code pénal militaire.

59. *D.* Comment sont choisis les sergens et les maréchaux-des-logis?

R. Parmi les caporaux et les fourriers et parmi les brigadiers ou les brigadiers-fourriers.

60. *D.* Quelles sont les conditions exigées pour être nommé sergent ou maréchal-des-logis ?

R. Il faut :

1º avoir servi six mois au moins dans le grade de caporal ou de brigadier ;

2º Connaître les fonctions de sergent ou de maréchal-des-logis, définies dans le règlement sur les manœuvres, sur le service militaire, le service des places et celui des armées en campagne.

61. *D.* Quelles sont les conditions exigées pour être nommé à l'emploi de fourrier ?

R. Il faut, indépendamment des conditions exigées ci-dessus :

1º Savoir écrire couramment et correctement sous la dictée ;

2º Connaître les élémens de la grammaire et ceux de la comptabilité d'une compagnie, d'un escadron ou d'une batterie.

62. *D.* Comment sont choisis les sergens-majors et les maréchaux-des-logis-chefs ?

R. Les sergens-majors sont choisis parmi les sergens et les fourriers ; les maréchaux-des-logis-chefs le sont parmi les maréchaux-des-logis ou les maréchaux-des-logis-fourriers. Les uns et les autres doivent avoir au moins six mois de grade de sous-officier ; toutefois, les sergens-fourriers et les maréchaux-des-logis-fourriers ne peuvent être nommés à l'emploi de sergent-major ou de maréchal-des-logis-chef qu'autant qu'ils ont exercé pendant trois mois au moins les fonctions de sergent de section, de maréchal-des-logis de peloton ou batterie.

D. Quelles sont les conditions exigées pour être nommé à l'emploi de sergent-major ou de maréchal-des-logis-chef ?

R. Il faut : indépendamment des conditions exigées pour être fourrier, sergent ou maréchal-des-logis :

1º Connaître les détails de la comptabilité d'une compagnie, d'un escadron ou d'une batterie ;

2º Connaître les devoirs du sergent-major ou du maréchal-des-logis-chef, définis dans les règlemens sur le service intérieur, le service des places et celui des armées en campagne.

63. *D.* Comment sont choisis les adjudans ?

R. Les adjudans sont choisis indistinctement parmi tous les sous-officiers ayant un an de grade ; toutefois, les sergens-fourriers et les maréchaux-des-logis-fourriers ne peuvent être nommés à l'emploi d'adjudant, qu'autant qu'ils ont été six mois au moins sergens de section ou maréchaux-de-logis, de peloton ou de batterie.

64. *D.* Où sont pris les caporaux-tambours, les caporaux-clairons, les brigadiers-trompettes, les tambours-majors et les maréchaux-des-logis-trompettes ?

R. Les caporaux-tambours, les caporaux-clairons et les brigadiers-trompettes sont pris parmi les caporaux ou brigadiers, et subsidiairement parmi les soldats ayant six mois de service.

Les tambours-majors et les trompettes-majors sont pris indistinctement parmi les sous-officiers, les caporaux ou brigadiers et les soldats propres à cet emploi.

Les soldats, caporaux ou brigadiers, sergens ou maréchaux-des-logis désignés à cet effet sont pourvus, à mesure qu'ils ont accompli le temps de service exigé, du grade ou de l'emploi supérieur jusqu'à celui de sergent-major ou de maréchal-des-logis-chef inclusivement ; ils prennent alors le titre de tambour-major ou de trompette-major.

65. *D.* Comment a lieu l'avancement des maîtres-ouvriers et des maîtres de musique ?

R. Dans les troupes à pied, les maîtres de musique, et dans toutes les armes, les maîtres-ouvriers (armurier, sellier, tailleur, cordonnier ou bottier) qui sont liés au service en vertu de la loi du recrutement, sont pourvus, successivement et à mesure qu'ils ont accompli le temps de service exigé, du grade de caporal ou de brigadier et de l'emploi de sergent ou de maréchal-des-logis.

Lorsqu'ils sont parvenus au grade de sous-officier, ils peuvent, sur leur demande, et avec l'approbation de l'inspecteur-général, passer comme sergens ou maréchaux-des-logis dans une compagnie, un escadron ou une batterie. Ils ne peuvent néanmoins concourir pour l'avancement au grade de sous-lieutenant qu'après avoir exercé pendant deux ans dans la compagnie, l'escadron ou la batterie, les fonctions de sous-officier.

66. *D.* Comment sont traités, sous le rapport de l'avancement, les sous-officiers descendus à un emploi ou à un grade inférieur à celui dont ils étaient pourvus ?

R. Ils comptent leur ancienneté dans cet emploi ou ce grade inférieur, à partir de l'époque à laquelle ils y avaient été précédemment nommés.

67. Les sous-officiers qui ont ainsi rétrogradé, les sous-officiers et les caporaux ou brigadiers qui, par suite de leur cassation, sont redevenus soldats, ne peuvent de nouveau obtenir de l'avancement que selon les règles établies par la présente ordonnance.

Leur ancienneté, dans les grades ou emplois qui leur sont conférés, ne compte que du jour de leur nouvelle nomination.

68. Les caporaux ou brigadiers et les sous-officiers en congé illimité conservent leur grade. En cas de rappel au service, le temps qu'ils ont passé en congé illimité est déduit pour la fixation de leur ancienneté de grade.

69. Sauf ce qui est prescrit pour l'admission des sous-officiers et des caporaux d'infanterie, dans les bataillons d'infanterie légère d'Afrique et dans les compagnies de discipline, les caporaux ou brigadiers et les sous-officiers qui ont reçu leur congé de libération ne peuvent rentrer dans l'armée que comme soldats. Ils y prennent rang d'après leurs anciens services, mais ils sont susceptibles d'être pourvus de l'emploi qu'ils occupaient au moment de leur libération.

Les sous-officiers réadmis au service avec leur grade, mais dans un emploi inférieur à celui qu'ils occupaient au moment de leur sortie du service, comptent leur ancienneté dans cet emploi inférieur, de l'époque de leur première nomination, en faisant déduction du temp pendant lequel leur service a été interrompu. Lorsqu'ils sont nom més de nouveau à l'emploi supérieur, ils comptent, pour leur ancienneté à cet emploi, le temps pendant lequel ils l'ont occupé avant d'avoir été congédiés.

§ II. — De l'avancement dans les corps en campagne.

70. D. Comment a lieu l'avancement en campagne ?

R. Dans les troupes en campagne ou aux colonies, le temps de service exigé pour être admis dans les compagnies d'élite, et pour passer à la première classe, peut être réduit de moitié.

Les militaires qui se seront distingués par un acte d'intrépidité ou de dévouement mis à l'ordre du jour du régiment, seront dispensés de cette dernière condition, pour passer, soit dans une compagnie d'élite, soit à la première classe.

71. Dans les corps qui ont des bataillons, escadrons ou détachemens faisant partie d'une armée en campagne, toutes les vacances d'emplois de caporal ou brigadier et de sous-officier, jusques et y compris celui d'adjudant, appartiennent exclusivement aux soldats, aux caporaux ou brigadiers et aux sous-officiers qui font partie de la portion du corps où les vacances ont lieu.

72. Tous les sous-officiers de la portion du corps qui est en campagne, concourent avec les sous-officiers portés sur le tableau d'avancement, et qui ne font pas partie de cette portion de corps pour les emplois de sous-lieutenant dévolue aux sous-officiers, quelque soit la portion de corps où les vacances ont lieu.

Dans la portion de corps qui n'est point en campagne, on continue l'ordre des tours qui était suivi avant la séparation.

Dans la portion qui est en campagne, la première vacance est donnée à un des sous-officiers qui en font partie; la seconde et la troisième sont données conformément aux dispositions particulières à chaque arme.

Lorsque toutes les portions d'un corps sont appelées à concourir ensemble pour l'avancement dans le cas prévu par l'article 74 ci-après, les emplois de sous-lieutenant qui viennent à vaquer dans ce corps sont donnés en continuant l'ordre des tours établi avant l'entrée en campagne.

Lorsqu'un sous-officier a mérité, par une action d'éclat, mise à l'ordre de l'armée, d'être proposé pour le grade de sous-lieutenant, et qu'il n'existe pas dans le régiment de vacance dévolue à l'ancienneté des sous-officiers, il est nommé, soit dans le corps, soit dans un des autres régimens de l'arme, à un emploi vacant revenant au deuxième ou troisième tour.

73. Lorsque, par une action d'éclat mis à l'ordre du jour de l'armée, un sous-officier fait prisonnier de guerre a mérité d'être promu au grade de sous-lieutenant, il peut être proposé par le ministre de la guerre, sur le rapport du commandant en chef.

§ III. — De l'avancement dans les places de guerre.

74. *D.* De quelle manière s'effectue l'avancement dans les places de guerre?

R. Les troupes qui tiennent garnison dans les places déclarées en état de guerre et qui sont sous l'autorité du commandant en chef d'une armée en campagne, concourent pour l'avancement avec la troupe de cette armée, aussi longtemps qu'elles peuvent communiquer avec elle.

75. Lorsqu'une place de guerre est investie, et qu'une délibération du conseil de défense a constaté que toute communication est interrompue avec le ministre de la guerre et avec l'armée, l'avancement aux emplois qui deviennent vacans, soit dans le cadre de l'état-major de la place, soit dans les corps de garnison, pendant la durée du blocus ou du siége, appartient exclusivement aux militaires qui concourent à la défense de cette place.

76. *D.* Qui peut nommer aux emplois?

R. Tout commandant supérieur d'une place investie peut nommer provisoirement, savoir :

S'il est lieutenant-colonel ou colonel, aux emplois vacans des grades inférieurs à celui de chef-de-bataillon ou d'escadron.

S'il est officier général, aux emplois vacans du grade inférieur à celui de lieutenant-colonel.

Ce pouvoir cesse de lui être attribué aussitôt que les communications seront rétablies, ou que la défense ne peut plus être continuée, ce qui est constaté par une délibération du conseil de défense.

77. *D.* Dans quel cas le commandant supérieur peut-il pourvoir aux emplois vacans?

R. Le commandant supérieur ne peut pourvoir aux emplois vacans qu'autant que l'effectif du corps ou le besoin de la défense l'exige t.

Ainsi, dans les corps où le nombre des sous-officiers et des soldats est réduit de moitié du complet, il ne fait de nomination qu'autant qu'il est nécessaire pour qu'il y ait deux officiers dans chaque compagnie d'infanterie, quatre dans chaque escadron de cavalerie, et dans la même proportion pour les autres armes.

78. *D.* Quelle est la graduation dans la nomination aux emplois?

R. Quelle que soit la durée du blocus ou du siége, nul ne peut être nommé à titre provisoire qu'au grade immédiatement supérieur à celui qu'il occupait avant l'investissement de la place.

79. *D.* Comment roule l'avancement?

R. Dans le cas prévu par l'article 75, l'avancement roule exclusivement sur les corps de la garnison.

80. Sont considérés comme corps, sous le rapport de l'avancement, et pendant la durée du blocus et du siége :

1° Toute fraction de régiment, si elle est au moins d'un bataillon;

2º La réunion de tous ses détachemens d'infanterie moindre chacun d'un bataillon;

3º La réunion de tous les détachemens de cavalerie moindre chacun de deux escadrons.

81. Dans le cas où la réunion de tous les détachemens d'infanterie ou de cavalerie ne peut former un bataillon ou deux escadrons, ces divers détachemens sont réunis à des corps de leur arme appartenant à la garnison, et, à défaut de ceux-ci, ils sont considérés comme un corps.

4º La réunion de tous les détachemens d'artillerie;

5º La réunion de tous les détachemens du génie.

Tout bataillon ou régiment provisoire.

Ces corps ne sont formés qu'en vertu d'une délibération du conseil de défense.

82. Les compagnies ou escadrons isolés de leur corps et qui seraient attachés à des corps de la garnison pour y faire le service, sont considérés, sous le rapport de l'avancement, comme faisant partie intégrante de ce corps.

En conséquence, tout militaire appartenant à ces compagnies ou à ces escadrons, concourt avec ceux du cadre constitutif du corps auquel il est attaché. S'il est pourvu, à titre d'avancement, d'un emploi vacant dans ce cadre, il continue à en rester titulaire et à faire partie de ce cadre, à la levée du blocus ou du siége.

De même, tout militaire qui, appartenant au cadre constitutif du corps, aurait obtenu pour avancement, un emploi vacant dans ces compagnies ou escadrons, reste en possession de cet emploi lors de la réunion de ces compagnies ou escadrons à leur ancien régiment dont il fait définitivement partie.

Cette disposition est applicable aux militaires isolés ou à ceux qui feraient partie de détachemens moindres d'une compagnie ou d'un escadron, et qui, ayant été attachés à des corps de la garnison, auraient obtenu de l'avancement dans ces corps.

Elle est également applicable aux militaires qui font partie d'un corps formé de la réunion de plusieurs détachemens d'infanterie ou de cavalerie, lorsqu'ils sont nommés par avancement aux emplois vacans de ces détachemens.

83. Dans les détachemens mentionnés à l'article précédent, comme dans les corps provisoires, formés d'hommes appartenant à divers régimens, il ne peut être pourvu qu'au remplacement des caporaux ou brigadiers, des sous-officiers et des officiers qui étaient dans la place, au moment où elle était bloquée. Il n'est nommé aux emplois qui étaient vacans avant cette époque, qu'autant que les propositions déjà adressées au commandant en chef de l'armée seraient restées sans effet par suite de l'investissement de la place.

84. Aucun militaire isolé ne peut obtenir de l'avancement s'il n'a été placé dans un des corps de la garnison, ou compris dans le cadre de l'état-major de la place, et s'il n'y sert activement.

TROISIÈME PARTIE.

SOLDE ET REVUES, COMPTABILITÉ ET SERVICES ADMINISTRATIFS, EN CE QUI CONCERNE LES SOUS-OFFICIERS, CAPORAUX OU BRIGADIERS ET SOLDATS.

NOTA. Pour fournir aux sous-officiers et soldats qui ne sont pas comptables, les moyens de connaître exactement les droits que leur confèrent les règlemens et les règles qui en déterminent la jouissance, nous avons cru devoir, pour ne point fatiguer inutilement leur attention et faire un volume trop dispendieux pour eux, ne traiter ici que les dispositions qui les intéressent; car MM. les commandans et autres officiers des compagnies, escadrons ou batteries, ainsi que les sous-officiers comptables trouveront ces principes, et de plus, tout ce qui concerne la comptabilité et l'administration intérieure de ces portions de corps, dans notre *Cours de 1845*, chez M. BLOT.

TITRE PREMIER.

De la solde et des revues.

85. **D.** Donnez-nous la définition sommaire de ce service?
R. Le service de la solde et des revues comprend toutes les allocations faites, soit en argent soit en denrées, pour la nourriture et l'entretien des militaires en santé, leur paiement et leur mode de régularisation.

CHAPITRE PREMIER.

DE LA SOLDE PROPREMENT DITE, OU TRAITEMENT EN DENIERS.

86. *D.* Qu'entendez-vous par solde proprement dite?

R. La solde qui a pour objet de pourvoir à toutes les prestations qui entrent dans la composition du traitement en deniers comprend :

Le prêt.

Le supplément de solde.

Les hautes-payes.

Les indemnités.

Les gratifications.

Et les masses individuelles.

PREMIÈRE LEÇON.

Des règles d'allocation.

SECTION I. — Positions en général.

87. *D.* Quelles sont les positions qui donnent droit aux différentes allocations?

R. Elles sont générales ou individuelles.

Les positions générales sont :

Le pied de paix.

Le pied de guerre.

Les positions individuelles sont : *l'activité* subdivisée en position de présence et en position d'absence.

88. *D.* Expliquez-nous cette subdivision?

R. La position de *présence* est celle de tout militaire présent au drapeau, soit en station soit en route, et présent au poste qui lui est assigné, ou en route pour s'y rendre,

89. La solde de présence se modifie; en station et en route, sur le pied de paix et sur le pied de guerre.

90. La position d'*absence* est celle du militaire: en congé, à l'hôpital; à l'hôpital étant en congé, en jugement ou détenu; en captivité à l'ennemi.

91. *D.* Quels sont les principes généraux sur les droits à la solde d'activité?

R. Les jeunes soldats appelés à l'activité entrent en solde du jour où, étant formés en détachement, ils sont mis en route pour rejoindre les corps auxquels ils sont destinés.

Les jeunes soldats isolés et les engagés volontaires, entrent en solde du jour même de leur incorporation, s'ils n'ont point eu droit à l'indemnité de route, ou du lendemain de leur arrivée au corps, quand ils ont eu droit à cette indemnité.

Le remplaçant d'un militaire sous les drapeaux entre en solde du jour de la radiation du remplacé.

92. *D.* Comment cessent les droits à la solde d'activité?

R. Ils cessent, pour les sous-officiers, caporaux ou brigadiers et soldats, du jour où leur congé définitif leur est remis.

93. Ceux qui sont prisonniers de guerre ne cessent point d'être en activité de service, au jour de leur rentrée, à moins qu'ils ne soient renvoyés dans leurs foyers par libération ou pour toute autre cause emportant radiation des contrôles.

94. Tout militaire proposé pour la retraite, cesse de jouir de la solde de présence, à partir du jour où il reçoit la notification officielle du règlement de sa pension.

95. *D.* Que devient la solde due aux sous-officiers, caporaux ou brigadiers et soldats, décédés ou désertés, ou rayés des contrôles, soit par longue absence, soit par suite de condamnation?

R. Elle est acquise à l'Etat.

Section 2. — De la solde en station sur le pied de paix.

96. *D.* Comment sont traités les sous-officiers, caporaux ou brigadiers et soldats promus ou passant des compagnies du centre dans les compagnies d'élite?

R. Ceux promus sans changer de corps sont payés de la solde affectée à leur nouvelle position à compter du jour de leur réception. Il en est de même de ceux qui, devant passer à une portion de leur corps, éloignée de celle où ils se trouvent, sont retenus par raison de service et dont la réception immédiate est autorisée par le lieutenant-général commandant la division. S'ils ne sont pas reçus dans un nouveau grade avant de rejoindre leur destination, la solde de ce grade ne leur est allouée qu'à dater du jour de leur départ.

97. Les hommes passant des compagnies du centre dans celles d'élite, les soldats d'artillerie, du génie, de la cavalerie et du train des équipages, qui montent à une classe supérieure, ont droit à l'augmentation de solde du jour où ils changent de compagnie ou de classe s'ils sont présens.

98. En cas d'absence, la solde de la classe supérieure n'est allouée aux hommes qu'à compter du lendemain de leur rentrée au corps (1).

---

(1) Les soldats d'élite ou de première classe admis à remplacer sans quitter le drapeau peuvent être maintenus dans leur position

99. *D.* Comment sont traités les sous-officiers, caporaux ou brigadiers promus changeant de corps.

R. Ceux passant isolément d'un corps dans un autre, par l'effet d'une promotion, sont rappelés à leur nouveau corps, pour le temps de la route, de la solde attribuée à leur nouveau grade, à compter du jour de leur départ.

Ce rappel a lieu sur le pied de la solde sans vivres.

100. *D.* Comment sont traités les hommes passant dans des corps d'une autre arme et les recrues pour les armes spéciales.

R. Ceux passant des corps de la ligne dans ceux de l'artillerie et du génie, ou de l'infanterie dans la cavalerie, continuent à toucher leur ancienne solde, jusqu'au jour exclus de leur admission dans leur nouveau corps. A partir de ce jour, ils ont droit à la solde de l'arme et de la classe dans laquelle ils entrent.

Les hommes de recrue et les engagés volontaires reçoivent, pendant le temps de leur route, lorsqu'ils forment détachement, et jusqu'au jour exclus de leur admission, la solde fixée à 55 centimes par homme et par jour pour toutes les armes.

101. *D.* Comment sont traités les sous-officiers, caporaux ou brigadiers et soldats qui sont rappelés avant l'expiration de leur congé?

R. Ils ont droit, à compter du jour de leur départ, à la solde de présence, sur le pied de solde sans vivres, cumulativement avec l'indemnité de route.

Ces dispositions sont applicables à ceux en congé illimité qui reçoivent l'ordre de rejoindre.

---

précédente ; mais ceux qui rentrent au service après l'avoir quitté, par libération ou autrement, ne peuvent être replacés dans leur position précédente, qu'après avoir de nouveau rempli la condition de durée déterminée par l'art. 11 de l'ordonnance du 16 mars 1838. Les sous-officiers volontairement redevenus soldats pour passer d'un corps sur le pied de paix dans un corps sur le pied de guerre, sont susceptibles d'être immédiatement pourvus de l'emploi qu'ils occupaient dans leur ancien corps.

Lorsqu'ils sont nommés à un grade ou à un emploi inférieur à celui qu'ils occupaient dans ce corps, ils comptent leur ancienneté dans ce grade ou cet emploi, de l'époque de leur première nomination, en faisant déduction du temps pendant lequel ils ont été dans une position inférieure.

Lorsqu'ils sont nommés de nouveau à l'emploi qu'ils occupaient dans leur ancien corps, ils comptent pour leur ancienneté dans cet emploi, le temps pendant lequel ils l'ont précédemment occupé. Ces dispositions sont applicables aux caporaux et brigadiers volontairement redevenus soldats pour passer dans un corps sur le pied de guerre. (2e sem. 1840, p. 285.)

102. *D.* Quelle est la solde à allouer aux sous-officiers et soldats appelés en témoignage.

R. Quel que soit leur nombre, ils sont mis en subsistance dans un corps de la garnison où ils reçoivent la solde de station pour toutes les journées du séjour.

S'il n'est pas possible de les mettre en subsistance, ils sont traités comme isolés, pour le temps de leur séjour dans la place où siége le tribunal ou le conseil de guerre, et, à leur rentrée au corps, ils sont rappelés de la solde pour le temps de leur absence, sur le pied de solde sans vivres.

103. Les hommes cités étant en congé ou en semestre devant un tribunal siégeant hors de leur résidence sont rappelés de leur solde d'activité, depuis le jour de leur départ du dit lieu, jusqu'à celui de leur rentrée dans leurs foyers ou à leur corps.

104. S'ils sont cités dans le lieu de leur domicile, la disposition ne leur est point applicable ; mais s'ils sont retenus au-delà du terme de leur congé ou de leur semestre, ils ont droit au rappel de la solde d'activité, à dater du lendemain de l'expiration du dit congé ou semestre (1).

105. Ces rappels ne peuvent s'effectuer que sur la production d'un certificat du président, constatant le jour où leur présence a cessé d'être nécessaire, et sous la condition qu'ils auront rejoint leur corps ou leur poste, dans les délais fixés.

106. *D.* Comment sont traités les hommes envoyés en garnisaires?

R. Ils ont droit à la solde d'activité depuis le jour de leur départ jusqu'à celui de leur rentrée, sur le pied dit solde sans vivres.

107. *D.* Quelle est la solde allouée aux militaires rentrant des prisons de l'ennemi ?

R. Ils rentrent en solde à compter du jour de leur arrivée en France, s'ils sont en nombre suffisant pour former un détachement, ou s'ils sont mis en subsistances dans un des corps de la garnison.

Dans le cas contraire, ils n'ont droit qu'à l'indemnité de route jusqu'au jour inclus de leur retour au corps.

108. *D.* Comment sont traités les tambours et clairons ?

R. Dans les armes où leur solde excède de 10 centimes au moins celle des soldats, il sera prélevé 5 centimes par jour dont le montant sera versé à leur masse individuelle pour servir à l'entretien de leur caisse, baguettes ou instrumens.

---

(1) Ces dispositions sont applicables aux militaires des corps de troupes qui, détachés d'une certaine garnison, ont à se rendre au lieu où siége le conseil d'administration et devant le sous-intendant militaire pour souscrire un acte de rengagement. Elles ne s'appliquent pas à ceux qui font le même déplacement pour souscrire un acte de remplacement.

109. L'accroissement de dix centimes par jour qui fait partie de leur solde leur est payé dans toutes les positions autres que celles de congé et de captivité.

110. D. Comment sont traités les enfans de troupe?

R. Ils entrent en solde du jour de leur admission. A l'âge de quatorze ans, ceux qui font titulairement le service de tambour, clairon ou trompette ont droit à la solde affectée à ces emplois.

S'ils font le même service sans être titulaires, ou s'ils sont employés, soit dans la musique, soit dans les bureaux des officiers-comptables ou dans les ateliers du corps, ils reçoivent une solde spéciale déterminée par les tarifs.

Section 3. — De la solde de route.

111. D. A qui la solde de route est-elle allouée?

R. Les corps et détachemens ont seuls droit à la solde de route. Pour former un détachement, il faut au moins six hommes réunis du même corps. Cependant, le détachement qui est réduit en route au-dessous de six hommes, continue à recevoir la solde de route jusqu'à sa destination.

112. La solde de route est allouée pour toutes les journées de marche de douze kilomètres au moins et le séjour indistinctement, y compris le jour du départ et celui de l'arrivée à destination. Elle cesse d'être due lorsque, durant la route, le séjour se prolonge au-delà de deux jours.]

113. Lorsqu'une troupe se rend de l'intérieur du royaume à une armée stationnée hors du royaume, elle a droit à la solde de route jusqu'au jour inclus de son arrivée à la frontière. Si elle quitte cette armée pour se rendre dans l'intérieur, elle a droit à la solde de route, à compter du jour où elle passe la frontière, pourvu que, dans l'un et l'autre cas, elle ne jouisse pas des vivres de campagne.

114. La troupe qui se rend du lieu de sa garnison à une armée stationnant dans l'intérieur du royaume, jouit de la solde de route jusqu'au jour inclus de son arrivée à sa destination, lors même que, pour y arriver, elle serait obligée de marcher dans l'arrondissement de l'armée.

Si elle quitte une armée stationnée dans l'intérieur du royaume, pour se rendre au lieu de sa garnison, elle a droit à la solde de route à compter du jour où elle se met en mouvement pour se rendre à sa destination, quel que soit le point de départ.

115 Les troupes en marche faisant partie d'une armée ou d'un rassemblement sur le pied de guerre, et en général toutes celles qui jouissent soit des vivres de campagne, soit de l'indemnité de rassemblement, ne peuvent prétendre à la solde de route.

116. Lorsque les hommes mis en route ne sont pas en nombre suffisant pour former détachement, ils sont rappelés à destination, de la solde de leur grade sur le pied de la solde sans vivres.

Cette disposition est applicable aux hommes envoyés en ordonnance à plus de six lieues de leurs corps, et généralement à tout militaire voyageant isolément pour objet de service.

Section 4. — De la solde sur le pied de guerre.

117. _D._ Quand et comment acquiert-on le doit à la solde sur le pied de guerre?

_R._ Aucun rassemblement de troupes ne peut jouir de la solde de guerre, ni passer du pied de guerre au pied de paix, qu'en vertu d'une décision ministérielle.

Les troupes formant la garnison d'une place mise en état de siége ne peuvent avoir droit à la solde de guerre ni passer du pied de guerre au pied de paix qu'en vertu d'une décision compétente, qui a constitué l'état de siége ou qui la fait cesser.

118. Les troupes ne peuvent jouir de la solde de guerre qu'autant qu'elles font partie d'une armée ou d'un rassemblement mis sur le pied de guerre, ou de la garnison d'une place en état de siege, et seulement pour les journées de présence dans ces armées, rassemblement ou place.

En conséquence, lorsqu'elles reçoivent l'ordre de se rendre à une armée ou à un rassemblement de troupe mis sur le pied de guerre, elles ne commencent à jouir du supplément de guerre qu'à compter du jour où elles passent la frontière, si l'armée ou le rassemblement se trouve hors du royaume; et dans le cas contraire, qu'à compter du lendemain du jour où elles sont arrivées au lieu de destination indiqué dans leurs feuilles de route.

Quand elles reçoivent l'ordre de quitter l'armée, elles cessent d'avoir droit à la solde de guerre, à compter du jour où elles passent la frontière, et si l'armée se trouve dans l'intérieur du royaume, à compter du jour de leur départ.

Les sous-officiers, caporaux ou brigadiers et soldats rentrant par congé d'une armée active, ont droit à la solde et aux vivres sur le pied de guerre jusqu'au jour inclus du passage de la frontière. Le même traitement leur est acquis à leur retour, du jour où ils rentrent sur le territoire étranger.

119. Ceux rentrant de l'armée par libération, réforme ou admission à la retraite, ne reçoivent la solde que jusqu'au jour inclus de leur radiation des contrôles, mais les vivres de campagne leur sont fournis jusques et y compris le jour de leur arrivée en France.

Section 5. — De la solde de congé.

120. Hors le cas de maladie constatée, ou d'entrée à l'hôpital, les militaires ne peuvent s'absenter de leur poste ou de leur corps qu'en vertu de permissions ou de congés.

121. _D._ Par qui les permissions sont-elles accordées?

R. Elles le sont aux sous-officiers, caporaux ou brigadiers et soldats des corps de troupe, conformément aux règlemens sur le service intérieur des troupes.

Elles n'excèdent jamais le terme de trente jours, et lorsque l'absence doit être de plus de trente jours, elle est autorisée par un congé. Toutefois, celles accordées pour moins de trente jours peuvent être prolongées par les lieutenans-généraux, mais jamais au-delà de ce terme.

122. *D.* Combien y a-t-il d'espèces de congé?

R. On en distingue quatre, — les congés de semestre, — les congés de convalescence, — les congés pour affaires personnelles, — et les congés illimités.

123. *D.* Comment sont délivrés les congés de semestre.

R. Par les inspecteurs généraux d'armée, lors de leur revue d'inspection.

124. Passé le temps de l'inspection, les lieutenans-généraux, commandant les divisions militaires, sont autorisés à en délivrer pendant le reste de la saison du semestre. Ils donnent droit à la solde comme les congés de semestre même.

La saison des semestres commence au 1er octobre ou le lendemain de la revue d'inspection si elle n'a pu être close à cette époque, et finit au 31 mars.

125. *D.* A quelle époque doivent partir les semestriers?

R. Les sous-officiers, caporaux ou brigadiers et soldats qui, désignés pour aller en semestre ne doivent partir que le jour fixé pour le départ des semestriers du corps; s'ils partaient avant cette époque, ils n'auraient droit à aucun rappel pour tout le temps de leur absence anticipée.

126. *D.* Comment sont délivrés les congés de convalescence?

R. Les congés de convalescence et la prolongation de ces congés sont accordés par le ministre de la guerre, et les généraux commandant les divisions militaires.

Dans ce dernier cas, la durée du congé peut être de six mois; mais si elle est moindre, les généraux ont la faculté d'accorder au même titre des prolongations avec solde pour compléter six mois.

127. Les militaires déjà absens de leur corps pour congé ou permission peuvent obtenir des congés ou prolongations de congé de convalescence, mais dans la limite de six mois, à compter du jour de leur départ du corps, lors même qu'ils auraient passé une partie de leur congé à l'hôpital.

128. *D.* Comment sont formées les demandes de prolongation de congé de convalescence?

R. Elles doivent être adressées aux généraux commandant les divisions, appuyées de certificats de visite et de contre-visite, délivrés par les officiers de santé en chef de l'hôpital militaire, et, à leur défaut, par ceux de l'hospice civil du chef-lieu de l'arrondissement.

Ces certificats doivent être visés par le sous-intendant ou son suppléant.

129. Quant aux militaires en congé dans une commune où il n'existe ni hôpital militaire, ni hospice civil, et qui sont hors d'état d'être transportés, leur demande de prolongation de congé est appuyée d'un certificat du médecin du lieu ou de l'arrondissement, et d'une attestation du maire de la commune.

130. *D.* Par qui sont délivrés les congés pour affaires personnelles?

R. Par le ministre.

131. Par qui sont délivrés les congés illimités?

R. Par les généraux commandant les divisions, en suite d'ordres ministériels.

132. *D.* Quelle est en principe général la durée des congés et permissions?

R. La durée des permissions et congés comprend le temps de l'aller et du retour.

Toutefois, pour les militaires employés en Corse ou sur tout autre point outre-mer, cette durée est indépendante du temps de la traversée, et de la quarantaine, quand elle est exigée. En conséquence, le congé ne prend date que du jour du débarquement ou de la sortie du lazaret, et à son retour, le militaire est considéré comme rentré à son corps ou à son poste, du jour de son arrivée au port indiqué par sa feuille de route.

A l'égard des militaires faisant partie d'une armée ou d'un rassemblement hors du royaume, la durée des permissions ou congés ne commence que le jour du passage de la frontière.

Dans le même cas, les militaires sont censés rentrés à leur corps ou à leur poste, lorsqu'ils sont rendus à la frontière au jour fixé pour l'expiration de leur congé ou permission (1).

---

(1) Suivant le principe consacré par les articles ci-dessus, les militaires venant des pays d'outre-mer ou faisant partie d'une armée ou d'un rassemblement hors du royaume, conservent le droit aux prestations qui leur étaient allouées dans la position où ils se trouvaient en quittant leur corps ou leur poste, jusqu'au jour de leur débarquement dans un port français, ou jusqu'au jour du passage de la frontière; ce même traitement leur est acquis à leur retour du jour qu'ils se rembarquent ou qu'ils rentrent sur le territoire de l'armée.

Lorsque la traversée de mer s'effectue sur des bâtiments de l'État, les hommes reçoivent, avec les vivres de bord, qui sont toujours fournis en pareil cas, la solde dite sans vivres de campagne, pour chaque journée de séjour en mer, y compris la quarantaine.

Lorsque le passage s'effectue sur des navires du commerce, la même solde leur est due pendant le même laps de temps, parce qu'ils reçoivent l'indemnité de route.

133. *D.* Quels sont les droits résultant des congés et permissions ?

R. Les permissions, les congés de semestre ou de convalescence, donnent droit à la solde fixée par les tarifs. Le ministre de la guerre peut, dans des cas particuliers, accorder des congés de convalescence avec solde entière.

Les congés pour affaires personnelles donnent droit à la solde de congé dans la limite de six mois.

Les congés illimités ne donnent droit à aucune solde en ce qui concerne les sous-officiers, caporaux ou brigadiers et soldats.

134. Les prolongations qui ont pour effet d'étendre au delà de six mois la durée totale de l'absence par permissions, congés de semestre ou congés pour affaires personnelles, ne donnent point droit à la solde.

135. Les permissions accordées en vertu des articles 255 et 318 des ordonnances du 2 novembre 1833 pour moins de trente jours, peuvent être prolongées par les généraux commandant les divisions, mais jamais au delà de trente jours, et le temps qui dépasserait ce terme serait sans solde.

136. *D.* Les congés et permissions doivent-ils être visés avant le départ, et par qui ?

R. Tout militaire qui obtient une permission de s'absenter ou un congé, de quelque espèce que ce soit, est tenu avant son départ de les présenter au visa du sous-intendant militaire.

137. *D.* Comment les militaires en congé sont-ils payés de leur solde ?

R. Ils sont payés de leur traitement d'activité jusqu'au jour de leur départ exclusivement. A leur retour, ils sont rappelés de la solde à laquelle ils ont droit pour le temps de leur absence.

138. Les militaires qui reçoivent une autre destination pendant le temps de leur congé, sont, à leur arrivée, rappelés de la solde qui leur reste due, au titre du nouveau corps.

139. Quand il s'agit de militaires passant dans la gendarmerie, la garde municipale ou les sapeurs pompiers de la ville de Paris, le rappel de la solde d'absence a lieu sur des états imputables à leur ancien corps.

140. Tout militaire en congé, en permission ou en semestre qui use de la faculté qui lui est acquise de rentrer à son corps ou à son poste avant l'expiration de son congé ou de sa permission, recouvre ses droits à la solde de présence, à compter du lendemain de son retour.

141. *D.* Comment sont traités les militaires en congé ou permission, dans le cas où le corps dont ils font partie change de garnison pendant leur absence ?

R. Lorsqu'un corps change de garnison, les militaires de ce corps qui se trouvent alors en congé ou en semestre, sont considérés comme rendus à leur poste quand, n'ayant point été informés à temps de ce mouvement, ils arrivent au lieu de leur ancienne garnison à l'expiration de leur congé.

Ils ont droit, à partir du lendemain, à la solde sans vivres, cumulativement avec l'indemnité de route s'ils ne forment pas détachement.

142. Les militaires qui, étant en congé de semestre ou autre, sont informés du changement de garnison de leur corps, se dirigent sur le lieu de la nouvelle garnison. Ils rentrent en jouissance de la solde de présence à dater du lendemain de leur arrivée dans ce lieu, lors même qu'ils y devanceraient le corps.

Néanmoins, il leur suffit d'y être arrivés en même temps que le corps, nonobstant l'expiration de leur congé; dans ce cas, le congé est considéré comme expiré seulement du jour où ils ont rejoint.

Mais dans tous les cas, la solde de présence ne peut leur être allouée pour un temps antérieur à leur arrivée, quel que soit le nombre de gîtes d'étape pour lequel ils auraient droit à l'indemnité de route.

143. *D.* Quelles peines encourent, sous le rapport de la solde, les militaires qui dépassent les limites de leur congé ?

R. Ils ne reçoivent point le rappel de la solde qui peut leur être due, à moins que le retard n'ait été causé par maladie, et qu'ils n'en justifient par des billets de sortie d'hôpital, ou, s'ils n'ont pu se faire traiter à l'hôpital, par des certificats des officiers de santé du lieu.

Ces certificats doivent être soumis au visa motivé du sous-intendant militaire ou de l'officier général de l'arrondissement. Ce visa fait mention de l'impossibilité qu'il y aurait eu de les admettre dans les hôpitaux (1).

144. Le militaire qui, étant en congé avec ou sans solde, n'a pu, pour cause de maladie constatée comme il est dit ci-dessus, rejoindre son corps ou son poste avant l'expiration de son congé, est considéré comme étant encore en congé avec ou sans solde pour tout le temps écoulé, depuis le jour de l'expiration de son congé jusqu'au jour inclus de sa rentrée à son corps ou à son poste.

145. *D.* A quelle époque les militaires rentrant de congé ou permission rentrent-ils en jouissance de la solde d'activité ?

R. Du lendemain du jour où ils ont rejoint leur corps ou leur poste, sauf les cas prévus par les articles 143 et 144.

146. *D.* Quelles sont les justifications à faire par les sous-officiers, caporaux ou brigadiers et soldats rentrant de congé, pour obtenir le rappel de leur solde ?

---

(1) La privation ne peut, dans aucun cas, affecter les prestations en deniers, acquises pour un temps antérieur, même en position d'absence. (Décision ministérielle du 26 janvier 1846.)

R. Ceux qui ne rapportent pas un certificat de bonne conduite délivré par le maire de la commune dans laquelle ils ont résidé, qui ne rapportent pas leur feuille de route et leur congé, sont privés de tout rappel pour le temps de leur absence (1).

147. *D.* N'ont-ils pas d'autres formalités à remplir ?

R. Tout militaire rentrant de congé est tenu de se présenter chez le sous-intendant militaire, ou, en cas d'absence de ce fonctionnaire, chez son suppléant, pour faire constater par un visa, sur son congé, la date de son retour à son corps ou à son poste.

Section 6. — De la solde d'hôpital

148. *D.* Qu'entendez-vous par solde d'hôpital ?

R. A l'exception des adjudans-sous-officiers et des tambours ou clairons, il n'est dû aucune solde d'hôpital aux sous-officiers, caporaux ou brigadiers et soldats. Les ayant-droit sont rappelés sur la présentation de leur billet de sortie.

149. Les sous-officiers, caporaux ou brigadiers et soldats qui rentrent d'un hôpital externe sont rappelés, tant pour l'aller que pour le retour de la solde dite sans vivres.

150. Le décompte des journées de rappel, dans ce cas, est fait à raison du nombre effectif des journées dont se compose chaque mois.

151. Tout militaire qui, sans motif légitime, ne rejoint pas son corps ou son poste immédiatement après sa sortie de l'hôpital, n'a droit à aucun rappel pour le temps de son absence.

152. Les jeunes soldats et les engagés volontaires qui, avant leur arrivée au corps, sont admis dans les hôpitaux, n'ont droit à aucun rappel pour le temps écoulé depuis leur entrée à l'hôpital jusqu'à leur arrivée au corps, si, pour rejoindre, ils ont voyagé isolément.

153. Les militaires autorisés à aller prendre les eaux dans les lieux où il existe des établissemens militaires, sont assimilés, sous le rapport de la solde, à ceux qui se rendent aux hôpitaux externes.

Section 7. — De la solde d'hôpital en congé.

154. *D.* Expliquez-nous la nature de cette solde et les circonstances qui y donnent droit ?

R. Les militaires qui tombent malade étant en congé avec solde, sont admis dans les hôpitaux sur la présentation de leurs congés. Le jour de l'admission et celui de la sortie sont annotés sur les dits congés par le sous-intendant militaire qui a délivré le billet d'entrée.

A leur retour, les militaires ayant droit à la solde de congé à

______

(1) Cette disposition n'est point applicable aux hommes rentrant de permission. (Dépêche ministérielle du 31 octobre 1838.)

l'hôpital, en sont rappelés pour le temps pendant lequel ils y ont séjourné. Ils sont également rappelés de la solde de congé pour esl journées antérieures à leur entrée et pour celles postérieures à leur sortie.

A l'égard des militaires qui entrent à l'hôpital, lorsque le nombre de jours restant sur la durée du congé ne leur aurait pas suffi pour rejoindre dans le délai fixé, même en doublant les étapes, ils sont privés de tout rappel de solde pour le temps antérieur à leur entrée à l'hôpital (1).

155. Les militaires qui tombent malades étant en congé sans solde peuvent également être admis à l'hôpital. Leur entré et leur sortie sont constatées suivant le mode prescrit par l'article précédent.

Section 8. — De la solde des militaires en jugement ou détenus correctionnellement.

156. **D.** Quelle est la solde allouée aux militaires dans ce cas?

R. Ils ne reçoivent aucune solde pendant le temps de leur détention; mais s'ils sont acquittés, ils sont rappelés, à leur retour au corps, de la solde de congé pour tout le temps de leur absence, sauf le cas de désertion. S'ils sont condamnés, ils n'ont droit à aucun rappel.

N'ont également droit à aucun rappel pour tout le temps de la route, ceux qui rejoignent après avoir subi une détention par suite de jugement, ou qui voyagent sous l'escorte de la gendarmerie pour quelque cause que ce soit (2).

Section 9. — De la solde de captivité.

157. **D.** Qu'entendez-vous par solde de captivité?

R. On entend par solde de captivité celle qui est due au militaire tombé au pouvoir de l'ennemi.

158. **D.** Quand commence et finit le droit à cette solde?

R. Les sous-officiers, caporaux ou brigadiers et soldats n'ont droit à aucune solde pendant leur captivité, mais lorsqu'ils rentrent des prisons de l'ennemi, ils reçoivent deux mois de solde, s'ils sont restés plus de deux mois au pouvoir de l'ennemi.

---

(1) C'est-à-dire que l'on considère que l'homme aurait pu arriver en doublant les étapes. (Décision du 26 janvier 1846.)

(2) Ceux qui, après avoir subi une peine disciplinaire de détention, retournent librement à leur corps, ont droit, pour la route, à la solde sans vivres, cumulativement avec l'indemnité de route. (1er sem. 1840, p. 210.)

S'ils y sont restés moins de deux mois, la solde leur est due pour le temps de la captivité seulement.

159. *D.* Quelles sont les justifications à faire par les prisonniers rentrés pour obtenir le paiement de la solde de captivité ?

R. Un certificat du commissaire de la puissance chez laquelle ils sont été détenus, constatant leur grade et le temps pendant lequel ils ont restés en captivité, faute de quoi le paiement est ajourné jusqu'à ce que leurs droits aient été reconnus.

160. Dans ce cas, les sous-officiers, caporaux ou brigadiers et soldats ne reçoivent que l'indemnité de route jusqu'à l'arrivée à la destination qui leur a été assignée par l'autorité militaire.

DEUXIÈME LEÇON.

Des accessoires de solde.

Section 1. — Des supplémens.

§ I. — Du supplément à la solde de route.

161. *D.* Comment et d'après quel principe le supplément à la solde de route est-il alloué ?

R. il est accordé pour les distances d'étapes parcourues dans un même jour, en sus de la première, aux corps et détachemens, lorsque le mouvement a lieu d'après un ordre spécial du ministre de la guerre, ou, en cas d'urgence, du général commandant sur les lieux.

Les troupes transportées par relais ont droit à ce supplément, mais il n'est point dû à celles qui sont transportées par eau.

§ II. — Du supplément aux militaires employés près les dépôts de recrutement et la conduite de recrues.

162. *D.* Quel est le supplément accordé aux militaires employés près les dépôts de recrutement et ceux détachés pour la conduite des jeunes soldats ?

R. Les sous-officiers reçoivent la solde affectée aux militaires de leur grade dans le corps dont ils sont détachés, avec un supplément de 40 centimes par jour. (Ordonnance du 13 mars 1838.)

163. La solde des officiers, sous-officiers et caporaux ou brigadiers employés comme auxiliaires, est celle attribuée à leur position dans le corps dont ils sont momentanément détachés extraordinairement pour la conduite des recrues.

164. Les sous-officiers, caporaux ou brigadiers et soldats en activité, détachés pour la conduite des hommes de nouvelle levée, ont droit pendant le temps qu'ils sont employés à ce service :

Les sous-officiers, caporaux ou brigadiers, au supplément fixé selon leur position par le tarif.

Le supplément est dû à compter du jour où ils se mettent en route avec les recrues. Ils en conservent la jouissance jusqu'à leur retour au corps, sauf les causes d'interruption déterminées par l'article suivant.

Les militaires également détachés des dépôts de recrutement pour conduire les recrues continuent à recevoir le supplément de solde affecté à leur position.

165. Tout sous-officier, caporal ou brigadier et soldat marchant pour le service du recrutement, et qui, pendant sa route, entre à l'hôpital ou obtient une permission, cesse d'avoir droit au supplément pour la durée de son séjour à l'hôpital ou de sa permission.

§ III. — Du supplément de solde aux militaires employés au service de la remonte.

166. *D.* A qui ce supplément est-il alloué ?

R. Aux vétérinaires, aux sous-officiers, brigadiers et cavaliers détachés pour le service de la remonte, pendant la durée de leur mission.

Ce supplément, auquel les dispositions qui précèdent sont applicables, est fixé par le tarif.

Section 2. — Des hautes-paies.

§ I. — Haute-paie journalière d'ancienneté.

167. *D.* Qu'est-ce que la haute-paie d'ancienneté ?

R. Sous le titre de premier, deuxième et troisième chevron, il est accordé aux sous-officiers, caporaux ou brigadiers et soldats légalement liés au service, une haute-paie fixée par le tarif.

168. *D.* Comment se règle l'allocation de cette haute-paie ?

R. Le premier chevron est acquis à sept ans révolus de service; le double chevron à onze ans et le triple chevron à quinze ans.

169. *D.* Comment doit-on procéder dans le calcul des services donnant droit à la haute-paie ?

R. Pour les engagés volontaires, à partir du jour où ils ont contracté leur acte d'engagement ;

Pour les appelés et les substituans, à compter du 1er janvier de l'année de leur inscription sur les registres matricules du corps;

Pour les remplaçans admis, soit par les conseils de révision, soit par les corps, à compter de la date de l'acte de remplacement, lorsqu'ils se sont ensuite liés au service par un engagement volontaire ou un rengagement ;

Pour les sous-officiers, caporaux ou brigadiers et soldats venus des enfans de troupe, du jour où ils ont accompli leur dix-huitième année d'âge.

70. *D.* Comment sont traités les hommes en congés illimités ?

R. Les sous-officiers, caporaux ou brigadiers et soldats qui obtiennent des congés illimités sont admis à compter pour la haute-paie le temps passé dans cette position.

171. *D.* Comment compte-t-on les services des dispensés ?

R. Le jeune soldat dispensé du service militaire en vertu des paragraphes 3, 4 et 5 de l'article 14 de la loi du 21 mars 1832, sur le recrutement, et qui a perdu ses droits à la dispense, ne peut se prévaloir, pour l'admission à la haute-paie, du temps écoulé depuis le jour de la cessation du service, fonctions ou études qui lui avaient fait accorder la dispense, jusqu'à celui de la déclaration à laquelle il est obligé par l'article précité, ou, à défaut de ladite déclaration, jusqu'au jour où il aura reçu une feuille de route pour se rendre à son corps.

172. *D.* Quelles sont en général les réductions à opérer dans le décompte des services ?

R. Les services admissibles pour le droit à la libération du service militaire, peuvent seuls être comptés pour le droit à la haute-paie, et sauf les restrictions relatives aux remplaçans.

Le temps pendant lequel un militaire a subi une peine correctionnelle quelconque en vertu d'un jugement civil ou militaire, doit être déduit à partir du jour où sa condamnation est devenue définitive. Toutefois, si la condamnation d'un jeune soldat était antérieure au 1er janvier de l'année où il a été immatriculé, la déduction ne sera faite qu'à partir de cette dernière époque.

Les déserteurs et les insoumis condamnés, ne peuvent compter le temps qui s'est écoulé jusqu'au moment où ils ont subi leur peine ou ont été graciés, savoir :

Les déserteurs, depuis le jour de leur désertion ;

Les insoumis, depuis l'époque à laquelle ils ont été déclarés insoumis.

173. Il est tenu compte aux appelés et aux engagés volontaires servant en personne, du service actif qu'ils peuvent avoir fait antérieurement à leur appel ou à leur engagement.

Les remplaçans sont exclus de cette faveur ; toutefois ils peuvent compter leurs services antérieurs, à quelque titre que ce soit, lorsqu'ils contractent un rengagement, après avoir accompli le temps stipulé dans l'acte de remplacement.

Dans aucun cas, les remplaçans ne peuvent faire valoir, pour établir leurs droits à la haute-paie, les services déjà faits par les militaires dont ils ont pris la place sous les drapeaux (1).

174. D. Comment doivent être traités les hommes ayant servi dans des corps étrangers soldés par la France ?

R. Ils sont admis à compter pour la haute-paie leurs services dans ces corps (2).

175. D. Comment sont traités les hommes qui changent de corps ?

R. Lorsque par l'effet de rengagement ou de désignation, un sous-officier, caporal, brigadier ou soldat change de corps, il a droit à la haute-paie attribuée à l'arme pour laquelle il se rengage ou pour laquelle il est désigné, à compter du jour où il en reçoit la solde.

176. D. Comment sont traités les hommes ayant servi dans la marine ?

Les militaires ayant des services dans la marine sont admis à les compter pour la haute-paie journalière.

Toutefois, les services comme marin ou comme ouvrier classé, ne comptent que de l'âge de dix-huit ans, et seulement pour le temps passé sur les vaisseaux ou dans les chantiers et arsenaux de l'État.

177. D. Quels sont les militaires qui n'ont pas droit à la haute-paie ?

R. Les hommes servant dans les compagnies de sous-officiers, fusiliers et gendarmes-vétérans n'ont pas droit à la haute-paie. Elle a été accordée aux cavaliers-vétérans par l'ordonnance du 3 février 1843.

178. D. Comment compte-t-on le service du gagiste ?

R. Les maîtres-ouvriers n'ont aucun droit à la haute-paie, s'ils ne sont pas liés au service comme appelés ou comme engagés volontaires.

Cette disposition est spécialement applicable aux maîtres armuriers, la commission ministérielle qui leur est délivrée ne pouvant

---

(1) Les sous-officiers et brigadiers qui sont admis par les corps à remplacer, en conservant leurs grades et emplois, comptent pour leur ancienneté dans ces grades et emplois, le temps pendant lequel ils les ont occupés avant d'avoir été libérés. — Toutefois, ce service ne leur compte pour la jouissance de la haute-paie qu'après qu'ils ont satisfait aux conditions prescrites par le 2e paragraphe de l'article ci-dessus. (2e sem. 1839, p. 239.)

(2) Toutefois elle n'est acquise aux sous-officiers et soldats, qui ne sont pas Français, qu'après qu'ils ont contracté un rengagement à la suite de l'expiration de leur premier engagement. (2e sem. 1831, p. 219.)

tenir lieu, pour le droit à la haute-paie, d'un engagement légal. Lorsqu'ils ont contracté cet engagement, leurs services antérieurs comme maîtres armuriers leur sont comptés pour la haute-paie (1).

Les gagistes servant dans un corps de troupe, qui contractent un engagement comme soldats, sont admis à la haute-paie journalière, à l'expiration du temps de service déterminé par la loi. Dans ce cas, la durée du premier temps de service court à partir du jour où l'homme a été incorporé comme gagiste ; toutefois il ne lui est pas tenu compte des services antérieurs à l'âge de dix-huit ans.

179. Le maître armurier commissionné, le maître ouvrier gagiste, qui, au moment où il contracte son engagement, a au moins sept ans de service, soit dans le même corps, soit dans des corps différens, a droit à la haute-paie journalière attribuée à la classe à laquelle le porte la durée de ses services ; mais la jouissance de cette haute-paie ne date que du jour de l'engagement, sans qu'il y ait lieu à aucun rappel pour le service antérieur.

180. *D.* Comment se décompte la haute-paie ?

R. Elle est décomptée pour chacun des jours dont se compose le mois et allouée dans toutes les positions qui donnent droit à une solde d'activité quelconque, et même dans le cas de prolongation de congé sans solde.

181. Les sous-officiers, caporaux ou brigadiers et soldats jouissant de la haute-paie journalière, et qui sont faits prisonniers de guerre, sont, à leur retour en France, rappelés de cette haute-paie sans progression de classe, pour tout le temps de leur captivité.

§ II. — Haute-paie aux tambours-majors et aux sapeurs.

182. *D.* Quelle est la haute-paie allouée aux tambours-majors et aux sapeurs ?

R. Ils ont droit à une haute-paie spéciale et journalière fixée à 0,32 c. 8 m. pour les tambours-majors et à 0,05 c. pour les sapeurs. Elle est allouée d'après les mêmes principes que la haute-paie d'an-

---

(1) Les uns et les autres ne peuvent prétendre à la haute-paie comme rengagés devant un fonctionnaire de l'intendance militaire qu'autant que leur rengagement a été précédé d'un engagement volontaire reçu conformément à la loi, ou qui a été contracté pour faire suite au service légal, auquel ils étaient tenus, en qualité d'appelés ou de remplaçans.

Les engagemens passés par les maîtres armuriers devant les directeurs ou les conseils d'administration des manufactures d'armes, sont absolument de nul effet pour les droits à la haute-paie, en l'absence de l'acte régulier d'engagement dont il vient d'être parlé. (2ᵉ sem. 1839, p. 164.)

cienneté, avec cette différence qu'elle n'est pas due pour le temps de captivité à l'ennemi.

Section 3. — Des indemnités.

§ I. — Indemnités en remplacement de vivres.

183. D. Dans quel cas ces indemnités peuvent-elles être accordées ?

R. Des indemnités peuvent être accordées en remplacement des vivres de campagne, de l'eau-de-vie ou du vin.

184. Ces indemnités sont dues aux corps de troupe, dans les mêmes positions où ils ont droit aux distributions en nature qu'elles représentent.

185. Hors le cas de force majeure, aucune indemnité en remplacement de vivres ne doit être allouée sans une décision spéciale du ministre de la guerre.

§ II. — Indemnité extraordinaire allouée en cas de rassemblement.

186. D. Quelles sont les causes qui déterminent l'allocation de cette indemnité ?

R. Lorsque des rassemblemens extraordinaires de troupes ont lieu, il est accordé aux officiers, sous-officiers, caporaux et soldats, qui font partie de ces rassemblemens, une indemnité motivée sur la cherté locale des vivres. Cette allocation doit préalablement être autorisée par une décision ministérielle.

L'indemnité n'est due que pour les journées passées dans la circonscription du rassemblement, soit en marche, soit en station. Elle est fixée selon les grades ou emplois et pour toutes les armes indistinctement (1).

§ III. — Indemnité attribuée aux vaguemestres des corps.

187. Les vaguemestres des corps de troupe, tant dans l'intérieur qu'aux armées, reçoivent, suivant leur position, une indemnité journalière fixée par le tarif.

188. L'indemnité allouée aux vaguemestres ou à leurs suppléans

---

(1) L'indemnité est due à tous les enfans de troupe qui ont accompli leur quatorzième année, mais non aux autres. (Solution ministérielle du 27 mai 1840, adressée à M. l'intendant de la 7e division.)

leur est due pour toutes les journées effectives de service dans cet emploi.

SECTION 4. — Des gratifications.

§ 1. — De la première mise d'équipement aux sous-officiers promus officiers.

189. *D.* Quelle est la fixation de cette gratification ?

R. Les sous-officiers promus officiers jouissent d'une gratification de première mise qui est fixée, selon l'arme, par le tarif.

190. La gratification de première mise est allouée à tout sous-officier en activité au moment de sa promotion au grade d'officier dans un corps de l'armée, quelle que soit la durée de ses services. S'il passe immédiatement à un autre corps, la gratification lui est payée avant son départ.

191. Les sous-officiers des troupes d'artillerie promus au grade de sous-lieutenant, et placés d'abord dans une position qui n'exige pas qu'ils soient montés, reçoivent, s'ils viennent à passer ultérieurement avec ce grade, ou comme lieutenans dans une batterie, un supplément de gratification fixé par le tarif.

SECTION 5. — Des gratifications aux sous-officiers et caporaux ou brigadiers instructeurs.

192. *D.* Quand et dans quelles circonstances cette gratification est-elle allouée ?

R. Des gratifications annuelles sont accordées dans les corps de toutes armes, aux sous-officiers et caporaux ou brigadiers chargés spécialement de l'instruction. Ces gratifications sont fixées selon l'arme et le corps par le tarif.

193. Les inspecteurs-généraux d'armes arrêtent, à la fin de l'inspection de chaque corps, la répartition de la gratification entre les instructeurs qu'ils ont jugé les plus méritans.

Les officiers ne peuvent, en aucun cas, participer à cette répartition.

TROISIÈME LEÇON.

Des positions et cas particuliers entraînant privation de solde.

194. Le militaire ou l'employé militaire qui s'absente de son corps ou de son poste sans autorisation régulière, ne reçoit aucune solde pour le temps de son absence.

Les hommes manquant à l'appel cessent d'avoir droit à la solde à compter du lendemain de leur disparition. Elle ne leur est point due quand ils rentrent pour le jour de leur retour au corps.

195. N'ont droit à aucun rappel, les sous-officiers caporaux ou brigadiers et soldats qui, déclarés déserteurs, seraient acquittés par le tribunal militaire devant lequel ils auraient été traduits (1).

196. Il n'est dû aucun rappel de solde, depuis le jour de leur départ du corps, aux sous-officiers, caporaux ou brigadiers et soldats désertés, réformés, congédiés définitivement ou pensionnés étant en congé ou à l'hôpital.

Dans ce dernier cas, il n'est également dû aucun rappel à ceux qui, par suite d'une éventualité quelconque, rencontreraient au corps avant d'avoir reçu leur congé (2).

197. Sont également privés de tout rappel pour le temps de leur absence, sauf le cas d'empêchement légitime dûment constaté, les sous-officiers, caporaux ou brigadiers et soldats qui rentrent à leur corps après l'expiration des délais déterminés par leur feuille de route.

Toutefois, quand il s'agit d'un militaire rentrant d'un hôpital externe, et qui a été forcé, par le mauvais état de sa santé, de s'arrêter en route, le sous-intendant militaire peut, sur la proposition du chef du corps, lui allouer le rappel de sa solde et de la prime d'entretien de la masse individuelle, pourvu que le retard qu'il aura mis à rejoindre, ne dépasse pas le terme de un à quatre jours. En dehors de cette limite, le ministre de la guerre a seul le droit d'autoriser de semblables rappels.

198. Le militaire qui ne rapporte pas sa feuille de route et son congé ne peut prétendre à aucun rappel avant l'expiration d'un délai de six mois à partir de sa rentrée au corps.

QUATRIÈME LEÇON.

De la masse individuelle.

Section 1. — De la première mise.

199. *D.* Qu'est-ce que la masse individuelle ?
R. La masse individuelle est un fonds destiné à fournir au soldat

---

(1) Dispositions conformes à la dépêche ministérielle du 19 janvier 1842, qui exclut jusqu'au rappel de la prime de masse individuelle. (1er sem. 1842, p. 38.)

(2) Ils doivent être rayés des contrôles de l'armée, lorsqu'ils sont

les moyens de pourvoir à son menu entretien et à payer les pertes et dégradations de toute nature mises à sa charge.

200. *D.* Comment se forme la masse individuelle?

R. Chaque soldat nouveau a droit, suivant l'arme à laquelle il appartient, à une première mise de petit équipement déterminée par le tarif. Cette allocation forme le premier fonds de la masse individuelle qui est alimentée au moyen de ce que l'on appelle la prime journalière d'entretien de cette masse.

§ I. — Première mise de petit équipement.

201. *D.* Quels sont les militaires auxquels les réglemens allouent la première mise de petit équipement?

R. Ont droit à cette première mise :

1° Les jeunes soldats, leurs substituans et leurs remplaçans ;

2° Les engagés volontaires ;

3° Les hommes rentrant des prisons de l'ennemi ;

4° Les déserteurs amnistiés rayés des contrôles ;

5° Les hommes sortant des équipages de la marine.

202. Toutefois, l'homme de recrue qui, en arrivant dans un corps, paraît susceptible de réforme, a droit à une première mise provisoire uniformément fixée par le tarif, sans distinction d'arme.

Si ensuite il est jugé propre au service, le complément de la première mise réglementaire lui est alloué selon l'arme dans laquelle il doit continuer à servir.

Celui auquel la première mise entière a été allouée, et qui est ultérieurement réformé pour des causes déjà existantes, mais inconnues à l'époque de son incorporation, subit, sur le décompte de sa masse individuelle, et quelle que que soit la durée de son séjour au corps, la retenue de la moitié de la première mise, si cette masse en offre les moyens ; dans le cas contraire, l'avoir à la masse est retenu en totalité. Cette disposition est applicable à l'engagé volontaire renvoyé dans ses foyers par suite de l'annulation de son acte d'engagement.

En ce qui concerne les hommes réformés après avoir reçu la première mise provisoire, la retenue à exercer comprend le montant intégral de leur masse (1).

à l'hôpital, le lendemain du jour où l'officier général inspecteur a prononcé leur mise à la réforme, leur renvoi dans leurs foyers, ou l'annulation de leur engagement volontaire. (2ᵉ sem. 1840, p. 181.)

(1) Les militaires renvoyés dans leurs foyers pour inaptitude au service et mis à la disposition de MM. les préfets, ne devant pas rentrer à leurs corps, il y a lieu d'exécuter à leur égard les dispositions de l'article qui précède. (1ᵉʳ sem. 1844, p. 173.)

203. Les enfans de troupe ont droit à la première mise, lorsqu'ayant atteint l'âge de 14 ans, ils font le service de tambours, clairons, trompettes ou musiciens, ou sont employés, soit dans les bureaux des officiers comptables, soit dans les ateliers du corps; mais elle ne leur est pas allouée de nouveau à l'âge de 18 ans, s'ils contractent un engagement volontaire.

S'ils se refusent ou s'ils ne sont pas admis à contracter un engagement, il est fait reprise de la totalité de leur avoir à la masse suivant le mode indiqué à l'article précédent.

204. La première mise de petit équipement est due aux musiciens gagistes, lorsqu'ils contractent un engagement dans la forme déterminée par la loi du recrutement.

205. Les hommes passant de la cavalerie dans l'infanterie ou d'un service à pied à un service à cheval, reçoivent un supplément de première mise fixé par le tarif. Un supplément de première mise est également alloué aux sous-officiers promus adjudans.

206. N'ont pas droit à une nouvelle première mise de petit équipement :

1° Les hommes en congé illimité rappelés au service ;

2° Ceux qui, après s'être absenté de leur corps, rejoignent avant l'expiration des délais fixés par la prévention de désertion ;

3° Ceux qui, après avoir été mis en prévention de désertion, sont absous par jugement, ou ont été l'objet d'un refus d'information de la part du général commandant la division ;

4° Ceux qui sortent des ateliers de condamnés aux travaux publics ou au boulet, et généralement tous ceux qui ont subi, par suite d'un jugement, une peine correctionnelle n'entraînant pas la radiation des contrôles ;

5° Ceux qui, à l'expiration de leur temps de service, restent sous les drapeaux comme remplaçans.

207. Il n'est point dû de première mise de petit équipement au remplacé qui, ayant fait un court séjour au corps, n'y a point été équipé.

La première mise n'est pas due non plus :

1° Aux remplaçans autres que ceux désignés en l'article précédent, lorsque l'allocation en a déjà été faite pour l'homme qu'ils remplacent ;

2° A l'homme de recrue nouvellement incorporé qui aurait été rayé des contrôles, par suite d'une éventualité quelconque, avant d'avoir reçu des effets de petit équipement.

Dans le cas où l'homme de recrue entre à l'hôpital sans avoir été équipé, l'allocation de première mise n'a lieu qu'à son retour au corps.

208. Les militaires passant des corps de toute arme dans les compagnies de discipline, n'ont droit ni à une nouvelle première mise ni à un supplément ; il est également alloué, pour chacun de ces hommes, une indemnité égale à la moitié de la première mise de petit équipement, et qui forme dans l'intérêt commun de la compaguie, une masse de secours.

A son arrivée, chaque homme reçoit, sur les fonds de la masse de secours, et sous la déduction toutefois de l'avoir à sa masse individuelle, les effets qui manquent au complet de son petit équipement.

Ces dispositions sont applicables aux hommes qui passent, soit des ateliers de condamnés, soit des pénitenciers ou des prisons aux bataillons d'infanterie légère d'Afrique. L'avoir des hommes doit alors être considéré, pour l'imputation à faire de la valeur des effets fournis, comme se composant de leur masse réglementaire et de celle formée du produit de leur travail dans les établissemens d'où ils sortent.

Section 2. — Prime journalière d'entretien de la masse individuelle.

209. D. Indiquez-nous les dispositions dans lesquelles cette prime est allouée ?

R. La masse individuelle est alimentée au moyen d'une prime journalière d'entretien, allouée aux sous-officiers, caporaux ou brigadiers et soldats, ainsi qu'aux enfans de troupe, âgés de quatorze ans, dans toutes les positions de présence, soit à leurs corps ou en subsistance dans un autre corps, soit dans des dépôts généraux, soit dans les dépôts de recrutement.

La prime journalière est également allouée dans toutes les positions d'absence légale, aux hommes faisant partie de l'effectif soldé.

Les militaires en congé illimité y ont pareillement droit à dater du jour de leur départ pour rejoindre, quand ils sont rappelés sous les drapeaux (1).

La prime journalière est allouée aux jeunes soldats et aux engagés volontaires à dater du lendemain de leur arrivée au corps, ou à compter du jour même de leur incorporation, s'ils étaient domiciliés dans le lieu où le corps tient garnison.

210. D. Quand cesse le droit à la prime d'entretien ?

R. Les hommes libérés du service cessent d'en jouir à compter du jour de leur départ du corps, lors même que pour rentrer dans leurs foyers, ils seraient formés en détachement, soit à l'armée, soit dans l'intérieur.

---

(1) Elle est due sans interruption aux militaires conduits par la gendarmerie à une prison externe pour y subir une peine disciplinaire, ainsi que ceux qui, étant en route, sont mis entre les mains de la gendarmerie par mesure de discipline pour être conduits à leur destination. Elle est due aussi pendant les prolongations de congé qui ne donnent pas droit à la solde.

211. Elle cesse d'être allouée aux hommes réformés à dater du lendemain du jour où la réforme a été prononcée, lors même qu'ils seraient retenus au corps.

212. *D.* Quand se perd le droit au rappel

R. Dans les mêmes circonstances qui donnent lieu à la privation du rappel de solde.

213. *D.* Quels sont les militaires qui n'ont pas droit à la prime journalière d'entretien de masse individuelle?

R. 1° Le remplacé qui, ayant fait un court séjour au corps, n'y a point été équipé;

2° L'homme de recrue nouvellement incorporé, qui aurait été rayé des contrôles avant d'avoir reçu des effets de petit équipement;

3° Les musiciens gagistes;

4° Les hommes qui, ayant traité pour leur remplacement au corps, n'ont pas reçu la première mise et qui, après avoir reçu des congés temporaires sans solde rentrent au corps avant l'expiration de ces congés.

CINQUIÈME LEÇON.

Cessation des droits à la solde

214. *D.* Quelles sont en général les causes qui font cesser le droit à la solde ?

R. Les hommes entrant à l'hôpital du lieu cessent d'avoir droit à la solde de présence du jour de leur admission à l'hôpital, et ceux allant à l'hôpital externe, du jour de leur départ.

215. Les hommes allant en congé ou en permission entrent en solde d'absence du jour de leur départ de la compagnie.

216. Les hommes passant d'une compagnie dans une autre sont rayés du jour qu'ils quittent leur ancienne compagnie.

317. Les hommes qui passent d'un corps dans un autre sont rayés du jour qu'ils se mettent en route pour se rendre à leur nouvelle destination.

218. Les militaires absens de leur corps ou prévenus de désertion, sont rayés lorsqu'il résulte d'un jugement, d'une décision ou d'un fait constaté, qu'ils n'appartiennent plus à ce corps, ou bien lorsque six mois se sont écoulés sans qu'on ait pu découvrir ce qu'ils sont devenus.

219. Les hommes faits prisonniers de guerre sont rayés à compter du jour où ils sont tombés au pouvoir de l'ennemi.

220. Les hommes en congés illimités et ceux renvoyés par antici-

pation dans leurs foyers, sont également rayés à compter du jour de leur départ.

221. Ceux réformés, congédiés ou libérés du service, sont rayés du jour où leur congé définitif leur est remis.

222. Tout militaire proposé pour la pension de retraite cesse, à moins d'ordres contraires émanés du ministre de la guerre, de jouir de la solde de présence, à partir du jour où il reçoit la notification officielle du règlement de sa pension.

223. Les hommes morts sont rayés le lendemain de leur décès.

224. Le militaire remplacé sous les drapeaux est rayé du jour de l'admission de son remplaçant.

CHAPITRE DEUXIÈME.

DES RÈGLES A SUIVRE POUR LES PAIEMENS.

PREMIÈRE LEÇON.

Des époques des paiemens.

225. **D.** Quelles sont les époques des paiemens ?

R. La solde de la troupe et les supplémens acquittables avec la solde, la haute-paie à l'ancienneté, ainsi que les indemnités en remplacement de vivres et liquides, et celles qui sont accordées en cas de rassemblement sont perçues par quinzaine à l'avance, le 1er et le 16 de chaque mois.

226. Aux armées, et lorsque les troupes reçoivent les vivres de campagne, la perception de la solde de la troupe et des supplémens acquittables avec la solde a lieu aux mêmes époques, mais seulement à terme échu, à moins que la situation de la caisse du corps ne permette pas de faire l'avance du prêt.

DEUXIÈME LEÇON.

Du décompte des diverses allocations.

227. **D.** Comment se décomptent les allocatio   de solde ?

R. Elles se décomptent, pour les sous-officiers, caporaux ou brigadiers et soldats, par jour sur le pied de la fixation journalière.

TROISIÈME LEÇON.

De l'ordonnancement des paiemens.

228. D. Comment sont ordonnancés les paiemens?

R. Tous les paiemens pour prestation de solde et autres payables comme la solde, sont ordonnancés par les officiers de l'intendance militaire.

La solde des sous-officiers, caporaux ou brigadiers, soldats et enfans de troupe, ainsi que les supplémens de solde, les haute-paies et les indemnités de vivres et de rassemblement, sont payés sur des états présentant, par grade, le nombre des hommes présens, avec les augmentations ou diminutions résultant des mutations survenues pendant la dernière quinzaine.

Cependant, et afin de maintenir la distinction des dépenses par trimestre, les augmentations ou diminutions, pour la dernière quinzaine d'un trimestre, ne sont portées que sur l'état de paiement de la solde des officiers pour le dernier mois du trimestre.

La première mise de petit équipement, la prime journalière d'entretien de la masse individuelle et la gratification de première mise aux sous-officiers promus officiers, sont portés sur les états de paiement de la solde des officiers pour le mois auquel ces dépenses s'appliquent.

Ces états doivent également comprendre les gratifications annuelles accordées aux instructeurs, et les indemnités de pertes d'effets.

Pour les portions de corps n'ayant point de conseil d'administration, les états de paiemens sont certifiés et quittancés par l'officier qui les commande.

Les quittances apposées sur les états de paiement de la solde des troupes, doivent toujours être remplies en toutes lettres et souscrites à la date réelle du paiement.

QUATRIÈME LEÇON.

Du paiement des mandats.

229. D. Quelles sont les mesures à prendre en cas de refus de paiement d'un mandat?

R. Les mandats délivrés par les officiers de l'intendance militaire sont toujours payables à vue par le payeur sur lequel ils sont tirés, et si celui-ci en refuse le paiement, il doit sur-le-champ remettre à la partie prenante la déclaration écrite et motivée de son refus.

CINQUIÈME LEÇON.

De la formation des états de paiement.

Les dispositions renfermées sous ce titre ne concernent pour ainsi dire que les conseils d'administration des corps ou portion de corps; mais comme il arrive souvent que des détachemens sont commandés par des sous-officiers, on a cru devoir rapporter ici celle de ces dispositions dont ils sont, dans ce cas, appelés à faire l'application.

230. *D.* Comment et par qui sont établis les états de paiement?

R. Les états de paiement pour la solde et ses accessoires sont toujours établis en double expédition par le commandant du détachement, l'une portant *quittance* et l'autre déclaration de quittance.

Les sous-officiers, caporaux ou brigadiers et soldats détachés pour le service de recrutement sont payés de leur solde et de la haute-paie à l'ancienneté sur des états au titre des corps auxquels ils appartiennent.

Les sous-officiers, caporaux ou brigadiers et soldats, mis en subsistance, sont compris, par un article spécial, sur les états de paiement, pour la solde attribuée à leurs grades et à leur arme, et pour la haute-paie à l'ancienneté.

SIXIÈME LEÇON.

Passage à une solde différente.

231. *D.* Comment se paie la solde dans le cas où la troupe passe du pied de paix au pied de guerre, et *vice versa?*

R. Si après le paiement de la solde d'une quinzaine, un corps au détachement passe d'une solde inférieure à une solde supérieure et *vice versa*, il est fait, suivant le cas, sur le plus prochain état de paiement, augmentation ou diminution du trop ou du moins perçu, résultant de ce changement de position.

Mais si, dans le cas de passage d'une solde inférieure à une solde supérieure, le corps ou le détachement n'a pas assez de fonds pour subvenir à l'augmentation de dépense, la différence de la solde lui est payée immédiatement, sur un état supplémentaire.

232. Lorsqu'un corps entier ou un détachement passe du pied de paix au pied de guerre, et *vice versa*, il est fait une coupure dans ses états de paiement au passage de la frontière.

Si l'armée est dans l'intérieur, la coupure des états se fait à partir du jour où les allocations du pied de guerre commencent ou cessent d'avoir lieu.

SEPTIÈME LEÇON.

De la solde de captivité.

233. Comment est payée la solde de captivité?

R. Les deux mois de solde accordée aux sous-officiers, caporaux ou brigadiers et soldats rentrant des prisons de l'ennemi, sont payés sur un état nominatif établi au titre de leur corps.

Ceux qui ont droit au rappel de la haute-paie d'ancienneté pour le temps de leur captivité, ne peuvent en être payés qu'à leur retour au corps.

HUITIÈME LEÇON.

De la masse individuelle.

234. *D.* Comment est payée la prime journalière d'entretien de la masse individuelle?

R. Elle est payée par mois, et à terme échu.

Elle est décomptée, pour les journées effectives de présence et d'absence légale, et le montant du décompte est compris par un article particulier, sur l'état de paiement de la solde des officiers.

Les premières mises et les supplémens de première mise sont également compris sur l'état de solde des officiers.

La prime journalière d'entretien de la masse individuelle des sous-officiers détachés à poste fixe près les dépôts de recrutement, est perçue avec leur solde et sur les mêmes états.

Les hommes mis en subsistance et ceux qui séjournent dans les dépôts généraux ne sont rappelés de la prime journalière acquise dans ces positions, qu'à leur retour à leur corps. Ce rappel s'effectue sur la production d'un certificat, constatant le nombre de journées pour lesquelles la prime est due.

NEUVIÈME LEÇON.

Avances en argent et en effet de petit équipement.

235. *D.* Comment sont remboursées ces avances?

R. Conformément à l'ordonnance réglementaire sur les frais de route, les sous-intendans militaires font délivrer aux sous-officiers, caporaux ou brigadiers et soldats. sauf imputation sur leur masse, conformément aux prescriptions de l'ordonnance du 10 mai 1844, les secours ou en effets de linge et chaussure qu'ils reconnaissent leur être nécessaires.

236. Le sous-officier, caporal ou brigadier et soldat qui perd sa feuille de route ne reçoit, après son retour au corps, aucun décompte de masse individuelle pendant six mois, et les sommes qui lui reviennent comme excédant, restent en dépôt à sa masse, pour servir au remboursement des effets de linge et chaussure qui auraient pu lui être délivrés pendant sa route.

DIXIÈME LEÇON.

Disposition commune au paiement de la solde et des masses.

237. **D.** Par qui et comment sont ordonnancés les états de paiement?

R. Par les sous-intendans militaires, au nom des conseils d'administration des corps ou des commandans de détachemens qui en donnent quittance.

Les indemnités représentatives de vivres et de liquides, ainsi que le indemnités allouées en cas de rassemblement, sont ordonnancée comme la solde sur les mêmes états.

CHAPITRE III.

DES PRESTATIONS EN NATURE.

PREMIÈRE LEÇON.

Des subsistances.

SECTION I. — Du pain.

238. **D.** Dans quelle circonstance et à qui le pain est-il dû?

R. Le pain de munition est dû sur le pied de paix à raison d'une ration par homme et par jour, à tons les sous-officiers, caporaux ou brigadiers, soldats et enfans de troupe des corps de toutes armes.

tant en station qu'en route, lorsqu'ils marchent en corps ou en détachement.

Sur le pied de guerre, il est dû aux officiers, caporaux ou brigadiers et soldats, ainsi qu'aux employés militaires.

Sur le pied de guerre, le pain est dû à tout militaire détenu. Sur le pied de paix, il n'est dû, dans le même cas, qu'aux sous-officiers, caporaux ou brigadiers et soldats.

Le pain n'est point dû aux hommes en congé, en semestre, en permission, à l'hôpital ou marchant isolément, ni aux garnisaires. Il n'est pas dû non plus en temps de guerre aux militaires nourris chez l'habitant.

239. *D.* Quelle est la composition de la ration de pain?

La ration de pain due à la troupe est fixée par le règlement des subsistances à 7 hectogrammes et demi.

Section 2. — Des vivres de campagne.

240. Sur le pied de guerre, les vivres de campagne sont dus dans dans la position de présence, aux officiers et employés militaires, aux sous-officiers, caporaux ou brigadiers et soldats de toute arme, suivant les règles prescrites par l'allocation de la solde de guerre. Les militaires détenus y ont également droit.

241. *D.* Quelle est la composition de la ration?

R. Chaque ration de vivres de campagne se compose de *pain, riz* ou *légumes secs, sel, viande* et *chauffage.*

La ration de vivres de campagne doit être composée de *trois décagrammes* de riz.

Six décagrammes de légumes secs, qui se composent indifféremment de *pois, haricots, fèves* et *lentilles*, donnés alternativement par distribution ou en remplacement l'un de l'autre.

Un soixantième de kilogramme de sel.

Deux hectogrammes et demi de viande fraîche et de bœuf salé, ou *deux hectogrammes* de lard salé.

Lorsqu'il est nécessaire, à raison des circonstances ou des localités, de la pénurie des denrées, ou de la santé des hommes, il peut être substitué d'autres denrées à celles portées ci-dessus. Ces substitutions sont toujours annoncées par la voie de l'ordre, qui indique la nature et la composition de la ration substituée.

Le ministre de la guerre peut seul accorder une augmentation de supplément aux rations de vivres de campagne ou liquides.

Section 3. — Des liquides.

242. *D.* Dans quelles circonstances des rations de liquides sont-elles accordées aux troupes?

R. Le droit aux rations de liquide est acquis aux hommes de troupes présens sous les armes, lorsque des décisions du *ministre de* la guerre ou des ordres des généraux en chef commandant les armées en ont prescrit la distribution.

Dans les divisions territoriales, les lieutenans-généraux commandant, peuvent, en cas d'urgence, autoriser des distributions de liquides, sous la condition d'en rendre compte sans délai au ministre de la guerre.

243. A l'époque de la revue annuelle d'inspection d'un corps de troupe, l'inspecteur-général autorise la distribution extraordinaire d'une ration *de vin ou d'eau-de-vie* par homme aux sous-officiers, caporaux ou brigadiers et soldats présens à la revue d'honneur. Cette allocation ne peut avoir lieu qu'une fois seulement pour la même inspection.

Les enfans de troupe, à l'exception de ceux qui ont accompli leur quatorzième année, ne participent point à ces distributions extraordinaires.

244. Chaque année, pendant la saison des chaleurs, les troupes en station dans l'intérieur reçoivent des distributions journalières d'eau-de-vie, pour assainir l'eau qu'elles boivent. Cette prestation est due pour chaque sous-officier, caporal ou brigadier, soldat ou enfant de troupe présent au corps. Les militaires détenus y ont égalemeit droit.

245. Les distributions de liquides mentionnées à l'article précédent sont autorisées par les lieutenans-généraux commandant les divisions militaires.

246. Il est pourvu aux distributions d'eau-de-vie accordées aux troupes durant les chaleurs, par l'allocation d'une indemnité représentative dont la quotité est déterminée selon les localités par le tarif.

Elles peuvent néanmoins être faites en nature, s'il existe dans les magasins de l'État des approvisionnemens dont il soit convenable de prescrire la consommation immédiate.

247. *D.* Quelle est la composition des rations de liquides?

R. Les rations de liquides distribuées aux troupes se composent de : *demi-litre de vin, — demi-litre de bière, — demi-litre de cidre et un seizième de litre d'eau-de-vie.*

Section 4. — Paille de couchage et de barraquement.

248. *D.* Dans quelles circonstances et dans quelle proportion la paille de barraquement et de couchage est-elle allouée aux troupes?

R. La paille de couchage est due aux troupes campées ou barraquées à raison de cinq kilogrammes par homme tous les quinze jours, et à chaque changement de position, en paille longue, ou de sept kilogrammes pour le même temps en paille courte.

Aux corps-de-garde sans lit de camp.
- 1re classe, 20 bottes de 5 kilogrammes.
- 2e id. 12 id. id.
- 3e id. 6 id. id.

La paille de barraquement se distribue à raison de 40 bottes de cinq kilogrammes par régiment pour les abri-vents et la garde du camp.

DEUXIÈME LEÇON.

Du chauffage et de l'éclairage.

Section 1. — Du chauffage.

249. **D.** Quels sont les militaires auxquels le chauffage est alloué ?

R. Sur le pied de paix , les sous-officiers , caporaux ou brigadiers et soldats des corps, et les enfans de troupe, ont seuls droit aux rations de chauffage.

Elles ne peuvent être accordées, en temps de guerre, aux officiers, qu'en vertu d'une décision prise par le général commandant en chef, sur le rapport de l'intendant de l'armée.

250. **D.** Quels sont les différens systèmes de chauffage?

R. Le service du chauffage des troupes comporte deux systèmes différens d'allocation; les rations collectives pour des corps mis en possession de fourneaux économiques et les rations individuelles.

251. **D.** Quelle est la composition des rations collectives?

R. Dans les localités où il existe des fourneaux économiques, les allocations collectives de combustibles se composent :

1° De rations dites de l'ordinaire, pour la cuisson des alimens?

2° De ration dites de compagnie, pour le chauffage des chambres.

252. **D.** Qu'entendez-vous par ration d'ordinaire?

R. La ration d'ordinaire est collective pour les caporaux ou brigadiers, tambours, trompettes, sapeurs, soldats et enfans de troupe. Elle est allouée aux corps en raison du nombre de marmites mises à leur disposition.

253. **D.** Comment se distribuent les rations d'ordinaire?

R. A l'arrivée d'un corps de troupe, ou d'une portion de corps dans une place où il existe des foyers économiques, le sous-intendant militaire détermine, de concert avec le commandant du génie, et contradictoirement avec le major ou tout autre officier désigné par le conseil d'administration, le nombre de marmites à lui accorder d'après les dispositions réglementaires concernant cette partie du service. Cette opération est constatée par un procès-verbal que dresse le sous-intendant militaire.

Les mutations individuelles qui surviennent, tant en gains qu'en pertes, dans l'intérieur des compagnies, n'apportent aucun changement au nombre des marmites au service. Néanmoins, il y a lieu à réduction lorsque, par le résultat balancé des mutations, les allocations supplémentaires qui auraient été accordées en raison de l'élévation de l'effectif cessent d'être en rapport avec les besoins actuels du service.

En cas de départ d'une ou plusieurs compagnies, le sous-intendant militaire réduit proportionnellement les droits du corps aux fournitures de combustibles, et fait opérer le retrait des marmites devenues inutiles.

Ce retrait est constaté par un nouveau procès-verbal.

254. Les chefs de corps sont autorisés à prélever sur la distribution générale des ordinaires, la quantité de combustible nécessaire pour les besoins de l'infirmerie régimentaire, et des hommes mariés.

255. *D.* Dans quel cas alloue-t-on des rations individuelles?

R. Dans les localités où il n'existe pas de foyers économiques, il est alloué, pour l'ordinaire, des rations individuelles d'après le nombre de journées de présence des sous-officiers, caporaux ou brigadiers, soldats ou enfans de troupe.

Les sous-officiers, caporaux ou brigadiers, élèves-fourriers, tambours-majors, maréchaux-des-logis trompettes, caporaux-tambours, caporaux-sapeurs, brigadiers-trompettes, et maîtres-ouvriers, ont droit à des rations individuelles, qui sont allouées d'après le complet d'organisation du corps. Les musiciens-gagistes reçoivent les rations individuelles, mais seulement d'après leur effectif réel.

Lorsque des sous-officiers sont détachés isolément, ou que les compagnies auxquelles ils appartiennent reçoivent les rations individuelles, le nombre de ces sous-officiers est déduit du complet, à compter du jour où le changement de position s'effectue. Pareille déduction a lieu, à dater du jour du départ et pour le temps du départ et pour le temps de la route, quand il s'agit d'une troupe mise en mouvement pour quelque cause que ce soit.

Quel est le mode d'allocation de la ration dite du chauffage des chambres?

R La ration destinée au chauffage des chambres est fixée par compagnie, escadron ou batterie, comprenant les sous-officiers, caporaux ou brigadiers, soldats et enfans de troupe.

Elle est due, quel que soit l'effectif, à chaque compagnie, escadron ou batterie faisant usage de fourneaux économiques.

Elle est également due aux compagnies, escadrons ou batteries, qui n'ont point de fourneaux économiques, lorsque la troupe est pourvue de poêles pour le chauffage des chambres.

Il est alloué des rations spéciales pour le chauffage du petit état-major, des ateliers, de l'infirmerie et des hommes mariés ; lorsque, à défaut de poêles, les troupes non pourvues de fourneaux économiques se chauffent à la cheminée, elles reçoivent, pour les journées de présence, des rations individuelles.

Ces rations sont pareillement allouées aux parties prenantes isolées, lorsqu'elles sont logées dans les casernes et aux compagnies ou détachemens dont la force n'est que de 35 hommes et au-dessous.

257. D. Comment sont traitées, sous le rapport du chauffage, les troupes campées, barraquées ou logées chez l'habitant?

R. Les troupes campées, barraquées ou logées en station chez l'habitant ont toujours droit à des rations individuelles. Cependant elles ne sont dues aux sous-officiers, caporaux ou brigadiers et soldats logés chez l'habitant qu'à compter de l'expiration du troisième jour de leur entrée dans la place ou le cantonnement y compris le jour de l'arrivée.

258. D. A quelle époque commence l'allocation à faire aux troupes casernées?

R. Lorsque les troupes sont casernées, le jour de leur arrivée dans une place, elles ont droit au chauffage à compter du même jour.

Les militaires employés comme garnisaires n'ont aucun droit au chauffage.

Les jeunes soldats réunis au chef-lieu de département pendant les opérations de la levée, n'ont droit à la fourniture du chauffage que lorsqu'ils sont casernés.

259. D. Lorsque la ration de chauffage est allouée, tous les militaires y participent-ils dans une égale proportion?

R. Lorsque les allocations de chauffage ont lieu selon le système des rations individuelles, les sous-officiers, les fourriers, les caporaux-tambours, les caporaux-sapeurs, les brigadiers-trompettes, les maîtres-ouvriers, les chefs de musique et les musiciens gagistes, reçoivent, pour le chauffage des chambres, une ration double de celle du soldat.

Le nombre et la composition des rations de chauffage, soit collective, soit individuelle, ainsi que les variations qu'elles subissent, sont déterminées par l'instruction du 30 juin 1840 sur le service du chauffage dont les principales dispositions sont rapportées ci-après

Cuisson des alimens.

260. D. Quelles sont les fournitures destinées à la cuisson des alimens?

R. Les fournitures destinées à la cuisson des alimens, qu'elles soient collectives ou individuelles, se désignent sous le titre de *rations de l'ordinaire.* Le taux est le même en été qu'en hiver.

Les fourneaux de cuisine en service dans les casernes, pour la cuisson des alimens, sont de trois espèces, savoir :

Ceux d'ancien modèle { à une marmite ; à deux marmites ;

Ceux dits à la choumara, à deux marmites accouplées.

261. D. Quelle est la contenance des marmites?

R. Les marmites sont généralement d'une contenance de 65 à 75 litres ; mais il en existe de capacité supérieure jusqu'à 100 litres,

Le litre, pris pour unité de contenance de la marmite, correspond aux besoins d'un homme ; le nombre d'hommes auquel une marmite peut suffire est donc égal au nombre de litres qu'elle contient. Cependant, l'expérience a démontré que quelques hommes en plus (dix au maximum) n'empêcheraient pas de faire la soupe pour tous avec la même marmite, moyennant une addition à la ration collective de chauffage, de la ration individuelle d'ordinaire, pour les hommes excédant l'effectif correspondant de la contenance réglementaire de la marmite.

Ainsi, toute compagnie, escadron ou batterie en possession d'une marmite dont la capacité est inférieure à dix litres, a son effectif en hommes comptant à l'ordinaire, peut recevoir la ration individuelle concurremment avec la ration collective de l'ordinaire. Toutefois, la perception de la ration individuelle n'est due qu'autant qu'il y a impossibilité de reverser *en entier* l'excédent en hommes sur un autre ordinaire du même corps, dont l'effectif des hommes comptant à l'ordinaire, se trouverait au-dessous de la contenance de la marmite dont cet ordinaire fait usage.

262. *D.* Dans quelle proportion se fait la distribution des marmites ?

R. En principe, les ordinaires par compagnie, escadron ou batterie, ne doivent pas être morcelés. En conséquence, et sauf l'exception indiquée au paragraphe précédent, et les seuls cas résultant, soit de la capacité des marmites, soit de réductions importantes dans les effectifs ou autres causes extraordinaires, il est accordé aux troupes faisant usage de fourneaux économiques, pour la cuisson de leurs, salines savoir :

Une marmite pour :

Chaque compagnie d'infanterie de ligne et légère;
Chaque peloton hors rang de cavalerie (1);
Chaque peloton hors rang d'artillerie (1);
Chaque compagnie du bataillon de pontonniers;
Chaque compagnie hors rang du génie (1).

Deux marmites pour :

Chaque escadron de cavalerie;
Chaque batterie d'artillerie sur le pied de paix ou sur le demi-pied de guerre;
Chaque compagnie de mineurs et de sapeurs du génie;
Chaque compagnie du train du génie pied de guerre.

---

(1) Il n'y a d'ordinaires séparés pour les pelotons hors rang, que lorsqu'ils ne peuvent être réunis en entier à l'ordinaire d'un escadron ou d'une batterie.

Trois marmites pour :

Chaque batterie d'artillerie sur le pied de guerre.

263. Les fourneaux, les marmites et les allocations qu'ils comportent, sont affectés à la cuisson des alimens des caporaux ou brigadiers et soldats.

264. Les sous-officiers et autres parties prenantes traitées au même titre, reçoivent pour leur ordinaire des allocations individuelles.

Chauffage des chambres.

265. *D.* Quelles sont les règles d'allocation du chauffage des chambres aux troupes casernées?

R. Les distributions collectives ou individuelles de chauffage des chambres en hiver pour les troupes casernées, ont lieu, selon les localités, pendant trois, quatre ou cinq mois, commençant et finissant aux époques indiquées. Les localités auxquelles s'appliquent chacune de ces trois durées sont désignées sous le titre de *région chaude, région tempérée et région froide.*

266. *D.* Indiquez-nous les époques auxquelles commencent et finissent les allocations?

R. Dans la région chaude, comprenant les départemens du Var, des Bouches-du-Rhône, de l'Hérault, du Gard, de l'Ardèche, de l'Aude et en Corse le chauffage d'hiver commence le premier décembre et finit le dernier jour de février.

Dans la région tempérée, comprenant tous les départemens de la 1re division (l'Aisne excepté), tous les départemens des 4e, 10e, 15e, 18e et 20e divisions, et ceux du Rhône, de la Drôme, de la Loire, de Vaucluse, de Maine-et-Loire, Deux-Sèvres, Eure, Orne, Allier, Pyrénées-Orientales, Arriége, Gironde, Dordogne, Lot-et-Garonne et la Charente, le chauffage d'hiver commence le 16 novembre et le 15 mars inclus.

Dans la région froide, comprenant tous les départemens des 2e, 3e, 5e, 6e, 13e, 16e et 19e divisions, les départemens de l'Aisne, des Hautes-Alpes, des Basses-Alpes, de la Lozère, de l'Aveyron, de la Charente-Inférieure, de la Loire-Inférieure, de la Vendée, de la Seine-Inférieure, du Calvados, de la Manche, de l'Ain, de l'Isère et de la place de Mont-Louis, le chauffage commence le 1er novembre et finit le 31 mars inclus.

267. *D.* Quelles sont les règles d'allocation du chauffage des chambres aux troupes campées et barraquées?

R. Lorsque les troupes sont campées ou barraquées, les distributions du chauffage d'hiver commencent un mois plus tôt et finissent un mois plus tard que pour les troupes casernées, c'est-à-dire :

Dans la région chaude, pendant cinq mois, du 1er novembre au 31 mars inclus.

Dans la région tempérée, pendant six mois, du 16 octobre au 15 avril inclus.

Dans la région froide, pendant sept mois, du 1er octobre au 30 avril inclus.

268. *D.* Les troupes logées chez l'habitant ont-elles droit au chauffage des chambres?

R. Non.

269. *D.* Dans quelle proportion sont, en principe général, allouées les rations collectives du chauffage des chambres?

R. Le nombre de rations collectives de chauffage pour les chambrées, dites *rations de chambre,* allouées pour chaque compagnie, est fixé comme il suit, savoir :

Une pour :

Compagnie d'infanterie de ligne et légère ;
Cadre de dépôt de chaque régiment d'artillerie ;
Compagnie d'ouvriers d'artillerie ;
Compagnie du train du génie sur le pied de paix ;
Compagnie de gendarmes vétérans ;
Compagnie d'ouvriers des équipages militaires à l'effectif réglementaire ;
Compagnie hors rang du bataillon d'ouvriers d'administration et de chaque régiment de génie ; section hors rang du bataillon de tirailleurs et peloton hors rang d'artillerie.

Deux rations pour :

Compagnie du bataillon d'ouvriers d'administration à l'effectif réglementaire ;
Escadron de cavalerie ;
Batterie d'artillerie sur le demi-pied de guerre ;
Compagnie du train des parcs d'artillerie sur le pied de guerre ;
Compagnie de mineurs, de sapeurs, et du train du génie sur ! pied de guerre ;
Compagnie d'ouvriers du génie sur le pied de paix et sur le pied de guerre ;
Compagnie du train des équipages militaires ;
Compagnie entière de canoniers vétérans ;
Compagnie de vétérans du génie ;
Compagnie de sous-officiers et de fusiliers vétérans ;

A. Petit état-major, infirmerie et ateliers, tant des dépôts des régimens employés en Algérie ou hors de France, que du bataillon de tirailleurs et du bataillon d'ouvriers d'administration.

Une ration et demie pour :

Compagnie du bataillon de tirailleurs ;

Batterie d'artillerie sur le pied de guerre;
Compagnie du génie sur le pied de paix.

Trois rations pour :

Batterie d'artillerie sur le pied de guerre;

A. Petit état-major, infirmerie et ateliers des corps dans l'Intérieur.

Quatre rations pour :

L'escadron du train des parcs d'artillerie sur le pied de paix.

Demi-rations pour :

Peloton hors rang de cavalerie.

Tiers de ration pour :

Chambre séparée destinée aux enfans de troupe.

270. **D.** Ces rations appartiennent-elles exclusivement aux portions de corps ci-dessus désignées ?

R. Les besoins des compagnies, escadrons, batteries et pelotons, variant selon le nombre et les dimensions des chambres occupées, la masse des distributions appartient au corps entier ou au détachement. Les chefs de corps ou commandans de détachemens en règlent la répartition intérieure d'après les besoins résultant de l'assiette du casernement de chaque compagnie, escadron, batterie ou peloton.

Les allocations peuvent se trouver insuffisantes pour chauffer toutes les localités d'une caserne, aussi n'entend-on pas non plus fournir aux troupes les moyens de rester enfermées dans des chambres continuellement bien chauffées ; ce serait faire contracter au soldat des habitudes tout à fait opposées à l'esprit et aux exigences de l'état militaire. Ces allocations sont donc seulement destinées à entretenir du feu dans quelques chambres, où dans les temps froids et pluvieux, les hommes, surtout ceux qui rentrent de service ou de corvée puissent se réchauffer et se sécher.

271. **D.** Quelle est la fixation des rations collectives et individuelles?

R. Les rations collectives et individuelles du chauffage des troupes sont fixées aux quantités portées au tableau suivant :

Tarif des allocations pour la cuisson des alimens et pour les chambres.

DESTINATION DES COMBUSTIBLES	TAUX DE LA RATION		fagots d'allumage pour le charbon de terre.	OBSERVATIONS.
	bois.	charbon de terre.		
	k.d.	k.d.		
1o CUISSON DES ALIMENTS.				
Rations de sous-officiers et de parties prenantes traitées au même titre qui font usage de fourneaux économiques, par hommes et par jour.........				
1o fourneau ancien modèle à une marmite.....	1 60	» 80	un par 20 rations.	
2o fourneau ancien modèle à deux marmites.....	25 »	14 »		
	42 5	24 »	deux par ration.	
3o fourneau Choumara à double marmite.....	40 »	22 »	-------	Pr marm. de 75 l. et au-dessous.
marmite.....	45 »	25 »	-------	Pour des marmites au-dessus de 75 litres.
Ration individuelle d'ordinaire aux troupes casernées ne faisant pas usage de fourneaux économiques.......	» 80	» 40		Une ration par homme et par jour avec double ration pour les sous-officiers et les parties prenantes traitées comme eux.
Ration individuelle d'ordinaire aux troupes logées chez l'habitant en station.......	1 00	» 50	un par 20 rations.	
Ration individuelle aux troupes campées ou barraquées	1 20	» 60		
2o CHAUFFAGE DES CHAMBRES.				
Ration collective des chambres dite de campagne. — région chaude	20 »	12 »		
— tempérée	25 »	15 »	3 par ration.	
— froide...	30 »	18 »		
Ration individuelle de chauffage des chambres aux troupes casernées. — région chaude	» 50	» 25		
— tempérée.	» 70	» 35		
— froide...	» 80	» 40	un par 20 rations.	Idem.
Ration individuelle d'hiver aux troupes campées ou barraquées. — région chaude	1 »	» 50		
— tempérée.				
— froide...	1 20	» 60		

272. D. Comment se distribue le chauffage aux corps-de-garde?

R. Le chauffage des corps-de-garde, se divise en saisons de *petit-hiver*, de *moyen-hiver* et de *plein-hiver*, comme pour le chauffage des chambres des casernes. On compte une *région chaude*, une *région tempérée* et une *région froide*, pour chacune desquelles les allocations diffèrent.

Le chauffage des corps-de-garde, pour les troupes casernées commence un mois plus tôt, et finit un mois plus tard que celui des chambres. Quant aux troupes campées et barraquées, le chauffage des corps-de-garde commence et finit en même temps que celui de ces troupes.

On compte donc pour tous les corps-de-garde :

Par région chaude.

Un premier mois de petit-hiver, pendant le mois de novembre.
Une première quinzaine de moyen-hiver, du 1er au 15 décembre inclus.
Deux mois de plein-hiver, du 16 décembre au 15 février inclus.
Une dernière quinzaine de moyen-hiver, du 16 au dernier jour de février.
Un dernier mois de petit-hiver, mois de mars.

Par région tempérée.

Un premier mois de petit-hiver, du 16 octobre au 15 novembre inclus.
Un premier mois de moyen-hiver, du 16 novembre au 15 décembre inclus.
Deux mois de plein-hiver, du 16 décembre au 15 février inclus.
Un dernier mois de moyen-hiver du 16 février au 15 mars inclus.
Un dernier mois de petit-hiver, du 16 mars au 15 avril inclus.

Par région froide.

Un premier mois de petit-hiver, mois d'octobre.
Un premier mois de moyen hiver, mois de novembre.
Trois mois de plein-hiver, du 1er décembre au dernier de février.
Un dernier mois de moyen-hiver, mars.
Un dernier mois de petit-hiver, avril.

273. D. Combien y a-t-il de classes de corps-de-garde ?

R. Il y a quatre classes de corps-de-garde, chacune des trois premières (sauf les corps-de-garde de police des casernes et des corps, qui sont toujours de 3e classe lorsqu'un service étranger n'en exige pas impérieusement l'élévation à une classe supérieure) est déterminée par le nombre d'hommes occupant le poste.

La 4e classe se compose de la chambre de l'officier commandant un poste.

L'officier commandant n'a droit au chauffage qu'autant qu'il occupe une chambre séparée du poste de la troupe, et que cette chambre a un poêle ou une cheminée distincte; si au contraire l'officier se tient dans le local de la troupe ou si le poêle de ce local sert en même temps à la chambre de l'officier; il n'est point dû de chauffage pour celle-ci, mais alors le corps de garde de la troupe reçoit le chauffage attribué à la 1re classe, lors même que, par suite de quelques circonstances particulières, il serait d'une classe inférieure.

274. *D.* Quelle est la fixation des rations de chauffage à allouer aux corps-de-garde.

R. Les distributions de chauffage pour les corps-de-garde, ont lieu chaque jour dans les propositions indiquées au tableau ci-après.

Tarif des allocations de chauffage aux corps de g...

CLASSES des CORPS-DE-GARDE.	SAISONS.	TAUX des ALLOCATIONS JOURNALIÈRES en kilogrammes					
		Bois.			Charbon de terre.		
		région chaude.	région tempérée.	région froide.	région chaude.	région tempérée.	région froide.
		kil.	kil.	kil.	kil.	kil.	kil.
1re CLASSE. 16 hommes et au-dessus..	Petit hiver	28	36	45	16	20	24
	Moyen hiver	42	54	68	24	30	36
	Plein hiver	56	72	90	32	40	48
	Anticipation ou prolongation	19	24	30	11	13	16
2e CLASSE. de 8 à 15 hommes	Petit hiver	24	30	38	13	17	19
	Moyen hiver	36	45	56	20	25	29
	Plein hiver	48	60	75	27	33	38
	Anticipation ou prolongation	16	20	25	9	11	13
3e CLASSE. de 7 hommes et au-dessus	Petit hiver	20	25	30	12	14	17
	Moyen hiver	30	38	45	17	21	26
	Plein hiver	40	50	60	22	28	34
	Anticipation ou prolongation	13	17	20	7	9	11
4e CLASSE. chambre d'officier.	Petit hiver	17	21	25	9	12	17
	Moyen hiver	25	32	38	14	18	23
	Plein hiver	34	42	50	18	24	30
	Anticipation ou prolongation	11	14	17	6	8	10

Nota. Il est ajouté aux allocations en charbon de terre un fagot d'allumage par jour et par corps-de-garde.

SECTION 2. — Éclairage des corps-de-garde.

275. D. Comment sont éclairés les corps-de-garde?

R. L'éclairage des corps-de-garde est le même pour toutes les classes. Il est assuré partout, excepté en Corse, en chandelles de 16 au kilogramme ; en Corse il est fourni de l'huile.

Les distributions ont lieu chaque jour, savoir :

1° A raison de trois chandelles ou dix décagrammes d'huile par poste, du 1er septembre au 31 mars inclus (saison d'hiver) ;

2° A raison de deux chandelles ou de douze décagrammes d'huile par poste, du 1er avril au 31 août inclus (saison d'été.)

Il est accordé en outre (excepté en mai, juin et juillet) une chandelle ou six décagrammes d'huile à chacun des postes qui sont tenus de fournir la lumière pour les rondes de nuit. Ces postes sont désignés aux états généraux, aux états marrons et aux revues de corps-de-garde.

L'éclairage est toujours dû pour l'officier commandant un poste, soit qu'il occupe une chambre distincte, soit qu'il se tienne dans le local occupé par la troupe.

TROISIÈME LEÇON.

Des distributions en général.

276. D. Comment se font les distributions?

R. En stations, les distributions se font aux corps et détachemens par compagnie, escadron ou batterie.

En marche, les distributions sont faites pour un ou deux jours, selon le cas, dans le lieu où la troupe doit coucher.

Lorsqu'une partie de la troupe qui est en marche doit être détachée en arrière ou sur les côtés du lieu d'étape, il doit être pris des mesures pour que le pain soit porté dans les cantonnemens avant l'arrivée de la troupe.

277. D. A quelle époque se font les distributions?

R. Le pain doit être distribué tous les quatre jours en hiver, et tous les deux jours en été.

En station, la distribution du biscuit, du riz et légumes secs, du sel, des salaisons et des liquides, doit être faite tous les quatre jours, à moins de circonstances extraordinaires.

La viande fraîche est distribuée tous les deux jours en hiver et tous les jours en été.

Le chauffage est distribué tous les quatre, cinq ou dix jours, suivant ce qui a été réglé par le sous-intendant militaire, de concert avec l'autorité militaire.

Les heures de distribution et le jour des corps de la garnison sont réglés par les mêmes autorités, par un ordre du jour affiché dans les magasins.

Les distributions ont lieu, pour les troupes campées ou sur le pied de guerre, aux heures et pour le nombre de jours qui sont déterminés par le général commandant les troupes, de concert avec l'intendance militaire.

La dernière distribution de chaque mois est toujours réduite au nombre de jours qui complètent le mois. (Art. 228 et 229 du règlement du 1er septembre 1827.)

278. *D.* Comment sont délivrées les denrées?

R. Les troupes cantonnées ou campées dans un rayon de quatre kilomètres des magasins, sont tenues d'y aller prendre elles-mêmes leurs distributions. Au-delà de cette distance, les denrées doivent être transportées par les soins de l'administration ou de l'entrepreneur, aux frais de l'Etat, après avoir été reconnues et reçues par la troupe avant leur sortie du magasin.

A Paris et à Lyon, les distributions sont transportées aux frais de l'Etat dans les casernes.

279. *D.* Comment et par qui sont faits les bons de distribution?

R. Les bons de distribution des corps entiers doivent être faits par le trésorier et visés du major; ceux des détachemens sont faits par l'officier payeur, et visés par l'officier faisant fonction de major, ou par l'officier ou sous-officier qui commande, dans le cas où il n'y aurait pas de major ou faisant fonctions.

La distribution aux parties prenantes isolées, a lieu sur des bons signés individuellement par chaque partie prenante indiquant son nom et son grade.

Il doit être établi des bons distincts :

Pour le pain ;

Pour le biscuit ;

Pour le riz, les légumes et le sel ;

Pour la viande fraîche et la viande salée, en distinguant le bœuf du lard ;

Pour le vin, l'eau-de-vie et le vinaigre.

280. *D.* Les bons ainsi établis sont-ils suffisans pour se présenter en distribution?

R. Tous les bons de distribution de vivres, liquides, chauffage et fourrages, doivent être soumis au visa du sous-intendant militaire, et il est expressément défendu aux agens comptables d'acquitter des bons qui ne seraient pas revêtus de cette formalité, ou qui présenteraient quelques ratures ou surcharges.

Lorsqu'il est alloué un supplément quelconque, conformément à l'art. 224 du règlement des subsistances, les quantités à fournir en raison de ce supplément, doivent toujours être exprimées dans les bons, en nombre, ou fractions de rations réglementaires, c'est-à-dire, par exemple, que s'il a été distribué une ration et demie de vin, au lieu d'une ration, on ne doit pas porter une ration 3/8° de litre, mais bien une ration et demie : il doit en être de même dans le cas où par suite de circonstances extraordinaires, il ne peut être distribué aux troupes qu'une partie de la ration qui leur est attribuée.

Les moins perçus en vivres, liquides et chauffage ne peuvent donner lieu à aucun rappel.

Il est expressément défendu aux agens comptables de délivrer des contre-bons.

CHAPITRE IV.

DES RÉGLEMENS DES DÉPENSES.

Section 1. — Dispositions générales

PREMIÈRE LEÇON.

Des contrôles à tenir dans les corps de troupe.

281. *D.* De quelle nature sont ces contrôles?

R. Il y en a de distincts pour les hommes et pour les chevaux et établis par année.

282. *D.* Quel est en principe général l'objet des contrôles annuels?

R. Les contrôles annuels ayant pour objet de constater tous les mouvemens des hommes et des chevaux, ils sont les premiers élémens de la comptabilité des corps puisque c'est là que l'on puise tous les renseignemens nécessaires à l'établissement des feuilles de journées destinées à la formation des revues de liquidation qui sont la base de la centralisation.

Considérée sous ce point de vue, on reconnaîtra facilement combien leur tenue mérite attention et combien il importe de se conformer, pour cette te nue aux règles tracées ci-après.

Section 2. — Contrôles des hommes.

283. *D.* Comment se divisent les contrôles tenus dans les corps de troupes?

R. Il en est tenu un pour l'état-major et la compagnie ou le peloton hors rang; et un pour chaque compagnie, escadron ou batterie.

284. *D.* Comment sont distribués les contrôles ?

R. Les contrôles sont divisés par cases, numérotées depuis la première jusqu'à la dernière, et chaque case est destinée à recevoir les nom, prénoms et surnoms d'un homme ainsi que toutes ses mutations et mouvemens.

285. *D.* Comment opère-t-on à l'égard des portions de corps détachées.

R. Lorsqu'une portion de corps détachée s'administre elle-même, et qu'elle se compose de plusieurs compagnies ou escadrons, il est remis à l'officier qui la commande un contrôle de chaun d'eux. Cependant, si le détachement n'est composé que d'une compagnie ou escadron, il n'en est pas formé de contrôle, le livre de compagnie devant en tenir lieu.

Si le détachement n'est composé que d'une ou plusieurs fractions de corps, il en est formé un contrôle particulier.

286. *D.* Comment sont formés les contrôles annuels des corps qui reçoivent l'ordre d'entrer en campagne ?

R. Lorsqu'un régiment d'infanterie désigné pour entrer en campagne, a reçu l'ordre de former des bataillons de guerre, les hommes qui restent au dépôt, sont inscrits aux contrôles des compagnies du dépôt et rayés de ceux de leurs compagnies respectives.

Les hommes d'une compagnie d'élite sont inscrits au contrôle des compagnies du dépôt, distinctement de ceux des compagnies du centre.

287. Dans les régimens de cavalerie organisés sur le pied de guerre, il est formé au titre de chaque escadron partant, un contrôle spécial pour les hommes laissés au dépôt ou qui viennent à y rentrer.

288. *D.* A qui est attribuée la tenue des contrôles ?

R. Pour le major, pour toutes les portions d'un même corps réunies.

Lorsqu'un ou plusieurs bataillons, escadrons détachés s'administrent séparément, le commandant de chaque bataillon ou escadron tient les doubles des contrôles. Il en est de même à l'égard des détachemens formés de moins d'un bataillon ou de deux escadrons.

289. Dans les compagnies formant corps entiers, le registre de compagnie tient lieu de contrôle général.

290. *D.* Quels sont les renseignemens à fournir à l'officier chargé de la tenue des contrôles ?

R. Tous les matins, après le rapport, chaque commandant d compagnie, escadron ou batterie, remet à l'officier chargé de la tenue des contrôles, l'état des mutations et mouvemens survenus la veille.

Aussitôt après la réception de ces états, l'officier chargé de la tenue du contrôle général y enregistre les mutations et mouvemens.

Lorsque des détachemens se trouvent sous la surveillance administrative d'un sous-intendant militaire autre que celui du dépôt de leur corps, les états de leurs mutations, certifiés par les officiers qui les commandent, sont remis tous les dix jours, s'ils sont employés dans l'intérieur, et tous les mois, s'ils sont hors du royaume, aux sous-intendans militaires sous la surveillance administrative desquels ils sont placés.

Les dits états sont indépendans de ceux que les détachemens doivent fournir, tous les jours ou tous les cinq jours, suivant le cas, aux sous-intendans militaires sous la surveillance desquels ils se trouvent.

291. **D.** Par qui sont tenus les contrôles des compagnies?

R. Indépendamment des contrôles ci-dessus prescrits, chaque capitaine tient, pour sa compagnie, un contrôle qui fait partie du livre de compagnie, conformément aux prescriptions de l'article ci-après.

Le contrôle de la compagnie hors rang, tenu par l'officier d'habillement, comprend l'état-major.

292. **D.** A quelle époque sont renouvelés les contrôles?

R. Les contrôles sont renouvelés au commencement de chaque année. Le dernier mouvement de chaque individu alors absent du corps est rappelé sur le nouveau contrôle.

Les militaires qui surviennent après la confection ou le renouvellement annuel des contrôles, sont inscrits à la suite des hommes de leurs grades respectifs, et leur classement par rang d'ancienneté, n'a lieu qu'au renouvellement des contrôles.

292. **D.** Comment sont portés sur les contrôles les hommes passant d'une compagnie à une autre ou changeant de grade dans la même compagnie?

R. Lorsqu'un militaire passe dans le même corps, d'une compagnie à une autre, le contrôle annuel de la compagnie qu'il a quittée, indique le numéro de la case qu'il doit occuper dans sa nouvelle compagnie, et le contrôle de cette dernière compagnie rappelle le numéro de la case qu'il occupait dans l'ancienne.

Le militaire qui avance en grade ou qui passe à une classe supérieure, sans changer de compagnie, est rayé de la case qu'il occupait, et inscrit dans une case à la suite des hommes de son nouveau grade ou de sa nouvelle classe.

La même manière d'opérer est à suivre à l'égard des sous-officiers, caporaux ou brigadiers et soldats de première classe, descendus à un grade inférieur sans changement de compagnie.

L'homme qui, dans le cas prévu par le présent article, cesse d'appartenir à une compagnie, est immédiatement rayé du contrôle, et son numéro reste vacant jusqu'à la fin de l'année.

293. **D.** Quelles sont les annotations à porter sur les contrôles en ce qui concerne les hommes rayés et réadmis?

R. Les militaires absens de leurs corps ou prévenus de désertion sont rayés des contrôles, lorsqu'il résulte d'un jugement, d'une décision ou d'un fait constaté, qu'ils n'appartiennent plus à ce corps, ou bien lorsque six mois se sont écoulés sans qu'on ait pu découvrir ce qu'ils sont devenus. Ceux de ces militaires qui sont réadmis à leur corps sont inscrits sur les contrôles comme hommes nouveaux.

294. Les hommes faits prisonniers de guerre sont rayés des contrôles annuels, à compter du jour où ils sont tombés au pouvoir de l'ennemi ; ils sont inscrits sur un registre particulier qui est tenu au dépôt de chaque corps par le trésorier. A leur rentrée au corps, ils sont rayés de ce registre et rétablis sur les contrôles.

295. Les hommes en congé illimité et ceux renvoyés par anticipation dans leurs foyers, sont également rayés des contrôles annuels, à compter du jour de leur départ, et portés en même temps sur un registre tenu par le trésorier.

296. En cas de mort, de radiation, et dans tous les cas d'absence, la situation de la masse individuelle de chaque homme est portée sur le contrôle, à la suite de chaque mutation.

Section 3. — Contrôles des chevaux.

297. *D.* Quelle est la forme des contrôles des chevaux ?

R. Les contrôles des chevaux sont numérotés comme ceux des hommes. Les chevaux sont désignés par les numéros de leurs cases et par leurs noms et signalement. Il en est établi un pour l'état-major et le peloton hors rang et un pour chaque escadron ou batterie.

Dans l'artillerie, les chevaux de troupe sont inscrits séparément et dans deux chapitres comprenant, l'un les chevaux de selle, et l'autre les chevaux de trait.

298. *D.* Quels sont les renseignemens à fournir à l'officier chargé de la tenue des contrôles ?

R. Les états de mutations des chevaux sont fournis conformément à ce qui est prescrit par l'article 290 pour ceux des hommes.

299. Les contrôles des chevaux sont renouvelés à la même époque que ceux des hommes.

Section 4. — Contrôles à tenir par les sous-intendans-militaires.

300. *D.* Quels sont les renseignemens à fournir aux sous-intendans militaires pour la tenue de leurs contrôles ?

R. Les états de mutation des hommes et des chevaux doivent être fournis aux sous-intendans militaires aux époques ci-après, savoir :

Dans l'intérieur, sur le pied de paix ou de rassemblement, tous les jours, immédiatement après le rapport du matin pour les corps stationnés dans le lieu où réside le sous-intendant militaire, et tous les cinq jours pour les corps stationnés hors de cette résidence ou faisant partie d'une armée active.

Ces états font connaître la situation de la masse individuelle de chaque homme ; ils sont certifiés par l'officier chargé de la tenue des contrôles, et visés par le commandant du corps. S'il n'y a point eu de mutations, les états sont négatifs.

301. Lorsqu'une troupe est en marche, l'état des mutations est fourni, dans tous les lieux de séjour, ou sous-intendant militaire ou au commandant de place, et à leur défaut, au sous-préfet ou maire qui la passe en revue.

À l'arrivée de la troupe à sa destination, l'état général des mutations, pour tout le temps de sa marche, est également fourni au sous-intendant militaire qui en prend la surveillance administrative,

302. *D.* N'y a-t-il pas d'autres obligations à remplir envers les sous-intendans ?

R. Les sous-officiers, brigadiers ou caporaux et soldats qui arrivent au corps, soit pour la première fois, soit après une absence quelconque, sont, dans les vingt-quatre heures de leur arrivée, présentés au sous-intendant militaire par un fourrier de semaine, à l'effet d'être aussitôt portés comme présens sur les contrôles de la compagnie, l'escadron ou la batterie.

Le sous-officier qui accompagne ces militaires chez le sous-intendant doit lui présenter les pièces dont ils sont pourvus en arrivant au corps, et lui remettre en même temps la note des numéros qui leur sont affectés, tant au contrôle qu'au registre-matricule.

303. *D.* A qui doivent être présentés les militaires dans les places où il n'y a pas de sous-intendant ?

R. Aux commandans de place, et à défaut de ceux-ci, au sous-préfets et maires.

DEUXIÈME LEÇON.

Des revues et des feuilles de journées.

SECTION 1. — Des revues d'effectif.

304. *D.* Quel est le but des revues d'effectif ?

R. Pour constater l'effectif des hommes et des chevaux, les sous-intendans militaires passent les corps en revue sur le terrain, au moins une fois par mois.

305. *D.* Quels sont les documens à fournir aux sous-intendans militaires lorsqu'ils passent des revues ?

R. Les sous-intendans militaires font leur revue par appel nominal sur des feuilles d'appel qui leur sont remises, quand ils se présentent à la tête des compagnies, par les capitaines.

306. *D.* Quelles sont les obligations du sous-intendant militaire dans ses revues ?

R. Le sous-intendant militaire reçoit pendant la revue, les réclamations que les militaires de tous grades peuvent avoir à former pour des objets concernant l'administration. Il est tenu d'y faire droit, lorsqu'elles sont fondées sur les lois et ordonnances. Il s'assure préalablement que les réclamans se sont adressés à leurs chefs, suivant les règles de la subordination ou de la hiérarchie.

307. *D.* Comment sont passées les revues des corps en marche ?

R. Si un corps ou détachement reçoit l'ordre de changer de garnison, il est passé en revue la veille ou le jour de son départ. L'effectif constaté par cette revue est porté sur la feuille de route.

Cette revue d'effectif est renouvelée dans chaque gîte où la troupe doit séjourner, par le sous-intendant-militaire, et, à son défaut, par le commandant de la place, le sous-préfet ou le maire.

Elle est encore renouvelée par le sous-intendant militaire, le jour ou le lendemain de la troupe à destination.

Section 2. — Des feuilles de journées.

308. *D.* Quest-ce que les feuilles de journées ?

R. On nomme feuilles de journées les contrôles nominatifs qui sont établis à l'effet de constater le droit de chaque homme aux prestations de toute nature pendant un trimestre.

309. *D.* Comment sont établies les feuilles de journée ?

R. Il est établi, pour servir à la confection des revues générales de liquidation des corps de troupe, des feuilles de journées par compagnie et par trimestre. Il en est établi une particulière pour l'état-major et la compagnie hors rang.

Elles sont nominatives et présentent :

1o Les mouvemens et mutations survenus depuis la dernière revue de liquidation ;

2o Le détail des journées donnant droit aux diverses espèces de solde, supplémens et accessoires de solde, à la prime journalière de la masse individuelle, ainsi qu'aux fournitures de vivres et de chauffage ;

3o Le décompte des sommes et des rations à allouer ;

4o Le nombre des hommes ayant droit aux premières mises de petit équipement.

Les feuilles de journées de l'état-major et de la compagnie hors rang, présentent en outre le tableau de l'effectif du corps ainsi que la balance des gains et pertes résultant des mutations survenues depuis a dernière revue.

Il est établi une feuille de journées spéciales pour le chauffage.

310. *D.* Par qui sont établies les feuilles de journées ?

R. Les feuilles de journées sont établies par les capitaines qui y portent seulement les noms, prénoms, grades, mutations et mouvemens. Le décompte des journées et des différentes prestations tant en deniers qu'en nature, ainsi que les diverses indications générales dont ces feuilles doivent être revêtues, y sont portés par le trésorier ou l'officier-payeur du corps.

Les feuilles de journées de l'état-major et peloton hors rang sont établis par l'officier d'habillement; le tableau général de l'effectif y est porté par le trésorier.

Dans l'artillerie, et en raison de la position spéciale des troupes de cette arme, les feuilles de journées sont toujours complètement remplies par les capitaines.

La feuille de journée spéciale pour le chauffage est établie par le trésorier.

311. *D.* Comment sont établies les feuilles de journées des corps provisoires?

R. Il ne doit être établi qu'une feuille de journées pour tous les militaires n'appartenant à aucun corps qui font partie d'un corps provisoire.

312. *D.* Comment sont établies les feuilles de journées dans le cas d'entrée en campagne, *et vice versa?*

R. Il ne doit être établi qu'une feuille de journées pour tous les militaires n'appartenant à aucun corps, qui font partie d'un corps provisoire

Lorsqu'un corps ou un détachement de troupe est appelé à une armée employée hors du royaume, ou qu'il cesse d'en faire partie, il y a coupure dans les feuilles de journées, à compter du jour du passage de la frontière.

Si l'armée est rassemblée dans l'intérieur, la coupure des feuilles de journées se fait à partir du jour où les allocations du pied de guerre commencent ou cessent d'avoir lieu.

313. *D.* Comment sont portés dans les feuilles de journées les hommes absens?

R. Le militaire qui, à l'expiration d'un trimestre, se trouve absent de son corps par un congé ou mission autorisée, n'est porté que pour mémoire sur les feuilles de journées, à compter du jour de son départ. On indique aussi la durée du congé, et s'il a été accordé avec ou sans solde.

314. *D.* Comment sont portés dans les feuilles de journées les hommes promus?

R. Les hommes nommés caporaux ou brigadiers, ou passant d'un emploi à un autre, sans changer de grade ou d'emploi, ou par l'effet d'une promotion, sont portés sur les feuilles de journées de leur ancienne compagnie, escadron ou batterie, jusqu'au jour inclus où ils l'ont quittée.

316. *D.* Par qui sont certifiées les feuilles de journées?

R. Les feuilles de journées, tant pour les hommes que pour les chevaux, sont certifiées et signées par les commandans de compagnie, escadron ou batterie, en ce qui concerne l'effectif et les mutations.

317. *D.* Quel est l'objet des feuilles de journées?

R. Elles sont destinées à la formation des revues de liquidation qui sont établies par les sous-intendans militaires à l'effet de constater les allocations de toute nature revenant au corps entier pendant le cours d'un trimestre.

CHAPITRE V.

DU GÎTE ET GÉOLAGE ET DES PRISONS.

LEÇON UNIQUE.

318. *D.* Qu'entendez-vous par gîte et géolage ?

R. Le gîte et géolage comprend toutes les prestations qui sont allouées aux militaires repris de discipline pour fautes graves ou lorsque les prisons des casernes manquant, sont reçus dans les prisons militaires sur la demande des chefs de corps.

319. *D.* Quelles sont les prestations allouées aux hommes en prison ?

R. Les prestations de prison attribuées aux hommes de troupe, consistent : 1º en pain ; 2º en alimens autres que le pain ; 3º en paille de couchage ; 4º en chauffage pendant l'hiver ; 5º en blanchissage du linge ; 6º en rasage ; 7º en effets d'habillement.

320. *D.* Comment est fourni le pain, et dans quelle proportion ?

R. Le pain est fourni par le service des subsistances militaires, à raison d'un ration par homme et par jour.

321. *D.* Par qui sont fournis les alimens autres que le pain ?

R. Les alimens autres que le pain sont fournis dans les espèces, quantités et qualités déterminées chaque année par les préfets, eu égard aux prix locaux des denrées.

Les alimens doivent être délivrés cuits et préparés

322. *D.* Comment et dans quelle proportion est fournie la paille de couchage ?

R. La paille de couchage est distribuée aux détenus à raison de six kilogrammes par hommes, et renouvelée tous les dix jours. Quant un homme sortant des prisons y a séjourné plus de quatre jours, la paille qui lui a été délivrée ne doit plus servir. Si sa détention a duré moins de cinq jours depuis le renouvellement de la paille, elle sert à un nouvel arrivant ; mais elle est remplacée le huitième au lieu du dixième.

323. *D.* Comment sont chauffés les hommes en prison ?

R. Dans les prisons qui reçoivent des militaires *condamnés*, il est alloué par mois ;

SAVOIR :

1º ***R. Région chaude.*** Six quintaux métriques de bois ou trois quintaux métriques de charbon de terre, avec trente fagots d'allumage ;

2º *Région tempérée.* Six quintaux métriques cinquante kilogrammes de bois, ou trois quintaux soixante-quinze kilogrammes de charbon de terre, avec trente fagots d'allumage ;

3º *Région froide.* Neuf quintaux métriques de bois, ou quatre quintaux cinquante kilogrammes de charbon de terre, avec trente fagots d'allumage.

Il est compté, pour cette fourniture, le même nombre de mois d'hiver que pour les casernes, selon les localités.

324. *D.* Comment est blanchi le linge des hommes en prison ?

R. Au moyen de l'indemnité qui leur est allouée, les concierges sont tenus de faire lessiver les chemises des détenus, à raison d'une par semaine pour chacun d'eux, et de leur faire raser la barbe aussi une fois par semaine ; ils doivent en outre faire raccommoder les chemises.

325. *D.* Quels sont les effets d'habillement à délivrer aux détenus ?

R. Les effets d'habillement à délivrer aux détenus consistent en *vestes, capotes, bonnets, chemises* et *guêtres* ayant servi, et en *souliers* et sabots.

Les militaires détenus préalablement à tout jugement, reçoivent, par les soins des sous-intendans militaires les effets de petit équipement dont ils ont besoin, mais attendu qu'ils n'ont pas encore cessé d'appartenir à un corps de troupe, l'imputation doit en être faite à celui dont ils font partie.

Ceux détenus par jugement reçoivent aussi des effets de petit équipement ; mais, attendu qu'ils n'ont droit à aucun rappel de solde pendant leur détention, la dépense reste à la charge de l'Etat.

Les conseils d'administration sont chargés de pourvoir au besoin en ce genre des militaires détenus, qui appartiennent à leur corps. Lorsqu'ils en sont trop éloignés, ce soin appartient aux sous-intendans militaires qui, après avoir constaté les besoins, y satisfont, soit au moyen de vieux effets pris dans les magasins de l'Etat ou des hôpitaux, soit à défaut de ressources par des achats.

Les militaires conduits par la gendarmerie préalablement à tout jugement, reçoivent aussi les effets dont ils ont besoin, mais à la charge de leurs corps.

Les militaires détenus par mesure de simple police, à défaut de prisons dans les casernes, sont nourris et entretenus par les soins de leurs corps, et il n'est alloué pour eux aux concierges que la paille de couchage.

TARIFS

DE LA SOLDE,

ET DES

ACCESSOIRES DE LA SOLDE.

INFANTERIE DE LIGNE ET INFANTERIE LÉGÈRE.

Values are printed in the form **f. c. m.** (francs, centimes, millimes); « » marks a blank/nil figure and "....." a column left empty for that grade.

DÉSIGNATION des GRADES.	PAR AN.	PAR MOIS.	SOLDE DE PRÉSENCE — PAR JOUR : en station ou en campagne (sous-off. : en station avec le pain seulement)	en marche avec le corps ou en détachement	avec vivres de campagne ou sans vivres	Supplément dans Paris	SOLDE D'ABSENCE PAR JOUR : en semestre ou en congé	à l'hôpital	à l'hôpital étant en semestre ou en congé avec solde	en captivité	OBSERVATIONS.
Officiers.											
Capitaine { de 1re classe	2,400 »	200 » »	6 66 6	9 66 6	.....	1 66 6	3 33 3	4 66 6	1 33 3	2 77 7	
Capitaine { de 2e classe	2,000 »	166 66 6	5 55 5	8 55 5	.....	1 38 8	2 77 7	3 55 5	0 77 7	2 77 7	
Lieutenant { de 1re classe	1,600 »	133 33 3	4 44 4	6 94 4	.....	1 48 1	2 22 2	2 94 4	0 72 2	2 01 3	
Lieutenant { de 2e classe	1,450 »	120 83 3	4 02 7	6 52 7	.....	1 34 2	2 01 3	2 52 7	0 51 3	2 01 3	
Sous-Lieutenant	1,350 »	112 50 »	3 75 »	6 25 »	.....	1 25 »	1 87 5	2 50 »	0 62 5	1 87 5	
Sous-Officiers et Soldats.											
Petit État-Major — Adjudant sous-officier			2 03	2 88	» 88	» 54 0	0 80 »	0 53 3	0 26 6	.....	
Tambour-major			1 13	1 38	» 98	» 22 0	0 30 0	.....	.....	.....	
Caporal tambour			» 68	» 78	» 53	» 12 5	0 13 5	0 10 0	.....	.....	
Caporal sapeur			» 61	» 71	» 46	» 15 0	0 15 »	.....	.....	.....	
Sapeur			» 45	» 55	» 30	» 07 5	0 07 5	.....	.....	.....	
Maître armurier			» 75	» 95	» 60	» 14 »	0 21 0	.....	.....	.....	
Maître tailleur et cordonnier			» 40	» 50	» 25	» 05 0	» 05 0	.....	.....	.....	
Compagnie d'élite — Sergent-major			1 18	1 43	1 03	» 24 0	0 32 5	.....	.....	.....	
Sergent et fourrier			» 85	1 05	» 90	» 18 8	0 26 0	.....	.....	.....	
Caporal			» 61	» 71	» 46	» 15 0	0 15 0	.....	.....	.....	
Grenadier ou voltigeur			» 45	» 55	» 30	» 07 5	0 07 5	.....	.....	.....	
Tambour ou clairon			» 55	» 65	» 40	» 07 5	0 07 5	0 10 0	.....	.....	
Compagnie du centre — Sergent-major			1 13	1 38	» 98	» 22 0	0 30 0	.....	.....	.....	
Sergent et fourrier			» 75	» 95	» 60	» 14 »	0 21 0	.....	.....	.....	
Caporal			» 56	» 66	» 41	» 12 5	0 12 5	.....	.....	.....	
Fusilier ou chasseur			» 40	» 50	» 25	» 05 »	0 05 0	.....	.....	.....	
Tambour ou clairon			» 50	» 60	» 35	» 05 »	0 05 0	0 10 0	.....	.....	
Enf. de troup. { Avant l'âge de quatorze ans			» 25	» 45	» »	» 02 5	.....	.....	.....	.....	
Enf. de troup. { Après l'âge de quatorze ans			» 40	» 50	» 25	» 03 0	.....	.....	.....	.....	

Observations :

Voir le 4e paragraphe des Observations qui précèdent les Tarifs.

Ou la solde de tambour s'il en fait titulairement le service.

SOLDE DE PRÉSENCE

DÉSIGNATION des GRADES	PAR AN (f. c. m.)	PAR JOUR (f. c. m.)	en station ou en campagne (f. c. m.)	en marche avec le corps ou en détachement (f. c. m.)	avec vivres de campagne ou sans vivres (f. c. m.)	Supplément dans Paris (f. c. m.)
Officiers						
Capitaine... de 1re classe	2 400 »	200 »	6 66 6	8 66 6	.....	1 66 6
Capitaine... de 2e classe	2 000 »	166 66 6	5 55 5	8 55 5	.....	1 38 8
Lieutenant. de 1re classe	1 600 »	133 33 3	4 44 4	6 94 4	.....	1 48 1
Lieutenant. de 2e classe	1 450 »	120 83 3	4 02 7	6 52 7	.....	1 34 2
Sous-lieutenant	1 350 »	112 50 »	3 75 0	6 25 0	.....	1 25 0

Pour les sous-officiers et soldats, la colonne « en station ou en campagne » devient « en station avec le pain seulement ».

DÉSIGNATION des GRADES	en station avec le pain seulement (f. c. m.)	en marche avec le corps ou en détachement (f. c. m.)	avec vivres de campagne ou sans vivres (f. c. m.)	Supplément dans Paris (f. c. m.)
S.-Officiers et Soldats.				
P. État-M. — Adjud.-s.-offic.	2 03 0	2 88 0	1 88 0	0 54 0
P. État-M. — Sergent-clairon	0 75 0	0 95 0	0 60 0	0 14 8
P. État-M. — Caporal-clairon	0 68 0	0 78 0	0 53 0	0 12 5
P. État-M. — Maître, armurier	0 75 0	0 95 0	0 60 0	0 14 8
P. État-M. — Maître, taill.-cord.	0 40 0	0 50 0	0 25 0	0 05 0
Compagnies. — Sergent-major de 1re cl.	1 18 0	1 43 0	1 03 0	0 24 0
Compagnies. — Sergent-major de 2e cl.	1 13 0	1 38 0	0 98 0	0 22 0
Compagnies. — Serg. et fourr. de 1re cl.	0 85 0	1 05 0	0 70 0	0 18 8
Compagnies. — Serg. et fourr. de 2e cl.	0 75 0	0 95 0	0 60 0	0 14 8
Compagnies. — Caporal de 1er cl.	0 61 0	0 71 0	0 46 0	0 15 0
Compagnies. — Caporal de 2e cl.	0 56 0	0 66 0	0 41 0	0 12 5
Compagnies. — Chasseur de 1re cl.	0 45 0	0 55 0	0 30 0	0 07 5
Compagnies. — Chasseur de 2e cl.	0 40 0	0 50 0	0 25 0	0 05 0
Compagnies. — Clairon de 1re cl.	0 55 0	0 65 0	0 40 0	0 07 5
Compagnies. — Clairon de 2e cl.	0 50 0	0 60 0	0 35 0	0 05 0
Enfant de troupe — av. l'âge de 14 ans	0 25 0	0 45 0	.....	0 07 5
Enfant de troupe — à l'âge de 14 ans	0 40 0	0 50 0	0 25 0	0 05 0

SOLDE D'ABSENCE par jour

DÉSIGNATION des GRADES	en semestre ou en congé (f. c. m.)	à l'hôpital (f. c. m.)	à l'hôpital étant en semestre ou congé avec solde (f. c. m.)	en captivité (f. c. m.)
Capitaine de 1re classe	3 33 3	4 66 6	1 33 3	2 77 7
Capitaine de 2e classe	2 77 7	3 55 5	0 77 7	2 77 7
Lieutenant de 1re classe	2 22 2	2 94 4	0 72 2	2 01 3
Lieutenant de 2e classe	2 01 3	2 52 7	0 51 3	2 01 3
Sous-lieutenant	1 87 5	2 50 0	0 62 5	1 87 5
Adjud.-s.-offic.	0 80 0	0 53 3	0 26 6	
Sergent-clairon	0 21 0			
Caporal-clairon	0 12 5	0 10 0	.....	
Maître, armurier	0 21 0			
Maître, taill.-cord.	0 05 0			
Sergent-major de 1re cl.	0 32 5			
Sergent-major de 2e cl.	0 30 0			
Serg. et fourr. de 1re cl.	0 26 0			
Serg. et fourr. de 2e cl.	0 21 0			
Caporal de 1er cl.	0 15 0			
Caporal de 2e cl.	0 12 5			
Chasseur de 1re cl.	0 07 5			
Chasseur de 2e cl.	0 07 5	0 10 0	.....	
Clairon de 1re cl.	0 07 5	0 10 0	.....	
Clairon de 2e cl.	0 06 0	0 10 0	.....	

OBSERVATIONS.

Nota. Les Sous-Officiers, Caporaux et Soldats de la section hors rang, n'ont droit qu'à la solde fixée pour la 2e classe.

On la solde de clairon s'il en fait titulairement le service.

DÉSIGNATION des GRADES	SOLDE DE PRÉSENCE PAR AN	PAR MOIS	PAR JOUR en station ou en campagne	en marche avec le corps ou en détachement	avec vivres de campagne ou sans vivres	Supplément dans Paris	SOLDE D'ABSENCE en semestre ou en congé	à l'hôpital	à l'hôpital étant en semestre ou en congé avec solde	en captivité	OBSERVATIONS
	f. c. m.	f. c. m.	f. c. m.	f. c. m.	f. c. m.	f. c. m.	f. c. m.	f. c. m.	f. c. m.	f. c. m.	
Officiers.											
Capitaine — en premier	2 500 »	208 33 3	6 94 4	9 94 4	0 00 0	1 73 6	3 47 2	49 4 4	1 47 »	3 47 2	
Capitaine — en second	2 300 »	191 66 6	6 38 8	9 38 8	0 00 0	1 59 7	3 19 4	43 8 8	1 19 4	3 19 4	
Lieutenant — un premier	1 800 »	150 » »	5 00 »	5 00 »	0 00 0	1 64 3	2 50 0	35 0 0	1 00 0	2 50 0	
Lieutenant — en second	1 600 »	133 33 3	4 44 4	6 94 4	0 00 0	1 48 1	2 22 2	29 4 4	0 72 2	2 22 2	
Sous-lieutenant	1 500 »	125 » »	4 16 6	6 66 6	0 00 0	1 38 8	2 08 3	29 1 6	0 83 3	2 08 3	
Sous-Officiers et Soldats. _(en station avec le pain seulement)_											
Ajudant Sous-Officiers			2 45 0	3 10 0	2 10 0	0 62 8	0 91 0	0 60 6	0 3 03	0 00 0	
Vétérinaires			0 0 0	0 00 0	0 00 0	0 00 0	0 00 0				Voir le Tarif N° 19.
Trompette Major			1 83 0	2 03 0	1 68 0	0 50 0	0 65 0				
Brigadier trompette			1 28 0	1 38 0	1 13 0	0 47 5	0 47 5				
Maîtres — armurier			1 08 0	1 28 0	0 93 0	0 28 0	0 37 5				Voir le 4e § des Observations générales qui précèdent les Tarifs.
Maîtres — tailleur, bottier et sellier			0 53 0	0 63 0	0 38 0	0 11 5	0 11 5				
Maréchal-des-logis chef			1 38 0	1 63 0	1 23 0	0 32 0	0 46 5				
Maréc.-des-Logis, et Maréc.-des-Logis fourr.			1 08 0	1 28 0	0 93 0	0 28 0	0 37 5				
Brigadier fourrier			0 88 0	1 08 0	0 73 0	0 20 0	0 27 5				
Brigadier			0 68 0	0 78 0	0 53 0	0 18 5	0 18 5				
Carabiniers — de 1re classe			0 58 0	0 68 0	0 43 0	0 14 0	0 14 0				
Carabiniers — de 2e classe			0 53 0	0 63 0	0 38 0	0 11 5	0 11 5				
Trompette			0 90 0	1 00 0	0 75 0	0 30 0	0 30 0				
Élève trompette			0 53 0	0 63 0	0 38 0	0 11 5	0 11 5				
Enfant de troupe — avant l'âge de 14 ans			0 31 5	0 51 5	0 00 0	0 10 7	0 00 0				Ou la solde de trompette s'il en fait titulairement le service.
Enfant de troupe — à l'âge de 14 ans			0 53 0	0 63 0	0 38 0	0 11 5	0 00 0				

GRADES.	SOLDE DE PRÉSENCE PAR JOUR				SOLDE D'ABSENCE PAR JOUR				OBSERVATIONS.
	avec vivres de campagne ou sans vivres	en station avec le pain seulement	en marche en corps avec le pain	Supplément de Solde dans Paris	en semestre ou en congé	à l'hôpital	à l'hôpital étant en semestre ou en congé avec solde		
Officiers.........	....	....	....	....	....	....	....	.....	Comme aux Carabiniers.
Sous-Officiers et Soldats.	f. c. m.	f. c. m.	f. c. m	f. c. m.	f. c. m.	f. c. m.	f. c. m.		
Adjudant sous-officier...........	2 05 0	2 20 0	3 05 0	0 60 8	0 88 5	0 59 0	0 29 5	»	Voir le N° 19.
Vétérinaires..............	»	»	»	»	0 62 5	»	»	»	
Trompette major..............	1 63 0	1 78 0	1 93 0	0 48 0	0 45 0	»	»	»	
Brigadier trompette..............	1 08 0	1 23 0	1 43 0	0 45 0					
Maîtres { armurier.............	0 88 0	0 03 0	1 23 0	0 26 0	0 35 0	»	»	»	Voir le 4e paragraphe des Observations générales, qui précèdent les Tarifs.
Maîtres { tailleur, bottier, sellier..	0 33 0	1 48 0	0 88 0	0 09 0	0 09 0	»	»	»	
Maréchal-des-Logis chef.........	1 18 0	1 33 0	1 58 0	0 30 0	0 40 0	»	»	»	
Maréchal-des-Logis et Maréchal-des-Logis fourrier..............	0 88 0	1 03 0	1 23 0	0 26 0	0 35 0	»	»	»	
Brigadier fourrier..............	0 68 0	0 83 0	1 03 0	0 18 0	0 25 0	»	»	»	
Brigadier..............	0 48 0	0 63 0	0 73 0	0 16 0	0 16 0	»	»	»	
Cuirassier { de 1re classe...........	0 38 0	0 53 0	0 63 0	0 11 5	0 11 5	»	»	»	
Cuirassier { de 2e classe...........	0 33 0	0 48 0	0 58 0	0 09 0	0 09 0	»	»	»	
Trompette..............	0 70 0	0 85 0	0 95 0	0 27 5	0 27 5	»	»	»	
Élève trompette.	0 33 0	0 48 0	0 58 0	0 09 0	0 09 0	»	»	»	
Enfant de troupe { avant 14 ans.....	»	0 29 0	0 49 0	0 09 5	»	»	»	»	Ou la solde de trompette s'il en fait titulairement le service.
Enfant de troupe { après 14 ans.....	0 33 0	0 48 0	0 68 0	0 09 0	»	»	»	»	

GRADES.	SOLDE DE PRÉSENCE PAR JOUR.				SOLDE D'ABSENCE PAR JOUR.			OBSERVATIONS.
	avec vivres de campagne ou sans vivres.	en station avec le pain seulement.	en marche en corps avec le pain.	Supplément de Solde dans Paris.	en semestre ou en congé.	à l'hôpital.	à l'hôpital étant en semestre.	
Officiers............	....	....	....	....	....	....	....	Comme aux Carabiniers.
Sous-Officiers et Soldats.	f. c. m.	f. c. m.	f. c. m.	f. c. m.	f. c. m.	f. c. m.	f. c. m.	
Adjudant sous-officier............	1 80 0	2 03 0	2 88 0	0 54 0	0 80 0	0 53 3	0 26 6	Voir le N° 19.
Vétérinaire....................	»	»	»	»	»	»	»	
Trompette major..................	1 18 0	1 33 0	1 53 0	0 30 0	0 40 0	»	»	
Brigadier trompette..............	0 83 0	0 98 0	1 08 0	0 32 5	0 32 5	»	»	
Maîtres armurier................	0 73 0	0 88 0	1 08 0	0 20 5	0 27 5	»	»	Voir le 4e paragraphe des Observations générales, qui précèdent les Tarifs.
Maîtres tailleur, bottier, sellier...	0 28 0	0 43 0	0 53 0	0 06 6	0 06 5	»	»	
Maréchal-des-Logis chef..........	1 06 0	1 21 0	1 46 0	0 25 2	0 34 0	»	»	
Maréchal-des-Logis et Fourrier......	0 73 0	0 88 0	1 08 0	0 20 0	0 27 5	»	»	
Brigadier fourrier...............	0 63 0	0 78 0	0 98 0	0 16 0	0 22 5	»	»	
Brigadier.......................	0 43 0	0 58 0	0 68 0	0 13 5	0 13 5	»	»	
Cavaliers de 1re classe..........	0 33 0	0 48 0	0 58 0	0 09 0	0 09 0	»	A	
Cavaliers de 2e classe..........	0 28 0	0 43 0	0 53 0	0 06 5	0 06 5	»	»	
Trompette......................	0 65 0	0 80 0	0 90 0	0 25 0	0 25 0	»	»	
Élève trompette.................	0 28 0	0 43 0	0 53 0	0 06 5	0 06 5	»	»	
Enfant de troupe avant 14 ans....	»	0 26 5	0 46 5	0 08 0	»	»	»	On la solde de trompette s'il en fait titulairement le service.
Enfant de troupe après 14 ans....	0 28 0	0 43 0	0 53 0	0 06 5	»	»	»	

SOLDE DE PRÉSENCE

GRADES.	PAR AN.	PAR MOIS.	PAR JOUR — en station ou en campagne	en marche en corps ou en détachement	avec vivres de campagne ou sans vivres
	f. c.	f. c. m.	f. c. m.	f. c. m.	f. c. m.
Officiers.					
Capitaines — en premier	3000 0	25 000 0	8 33 3	11 33 3	»
Capitaines — en second	2600 0	21 666 6	7 22 2	10 22 2	»
Lieutenans — en premier	2050 0	17 083 3	5 69 4	8 19 4	»
Lieutenans — en second	1850 0	15 416 6	5 13 8	7 63 8	»

Sous-Officiers et Soldats.

(première colonne : en station avec le pain seulement)

GRADES.	en station avec le pain seulement	en marche en corps ou en détachement	avec vivres de campagne ou sans vivres
Petit État-Major — Adjudant Sous-Officier	3 15 0	4 00 0	3 00 0
Chef artificier	1 87 0	4 12 0	1 72 0
Vétérinaire			
Trompette major	» 63 0	1 83 4	1 46 0
Brigadier trompette	1 15 0	1 23 0	0 98 0
Maîtres — armurier	1 21 0	1 41 0	1 06 0
Maîtres — autres ouvriers	0 48 0	0 58 0	0 33 0
Batteries à cheval — Maréchal-des-Logis chef	1 87 0	0 12 0	1 72 0
Maréchal-des-Logis et Fourrier	1 21 0	1 41 0	1 06 0
Brigadier	0 99 0	1 12 0	0 77 0
Artificier	0 76 0	0 86 0	0 61 0
Canonnier servant — de 1re classe	0 66 0	0 76 0	0 51 0
Canonnier servant — de 2e classe	0 57 0	0 67 0	0 42 0
Canonnier conducteur — de 1re classe	0 66 0	0 76 0	0 51 0
Canonnier conducteur — de 2e classe	0 57 0	0 67 0	0 42 0
Ouvrier en bois et en fer / Maréchal ferrant	0 56 0	0 66 0	0 51 0
Bourrelier	0 56 0	0 66 0	0 41 0
Trompette	0 80 0	0 90 0	0 65 0

SOLDE D'ABSENCE PAR JOUR

GRADES.	SUPPLÉMENT DE SOLDE dans Paris.	en semestre ou en congé.	à l'hôpital.	à l'hôpital étant en semestre ou en congé avec solde.	en captivité.
	f. c. m.	f. c. m.	f. c. m.	f. c. m.	f. c. m.
Capitaines — en premier	» 08 3	4 16 6	6 33 3	» 16 6	4 16 6
Capitaines — en second	» 80 5	3 61 1	5 22 2	3 61 1	3 61 1
Lieutenans — en premier	» 89 8	2 84 7	4 19 4	1 34 7	2 84 7
Lieutenans — en second	» 71 2	2 56 9	3 63 8	2 09 9	2 56 9
Adjudant Sous-Officier	0 98 8	1 36 0	0 90 6	0 45 3	»
Chef artificier	0 51 6	0 67 0	»	»	»
Vétérinaire					
Trompette major	0 42 0	0 55 0	»	»	»
Brigadier trompette	0 40 0	0 40 0	»	»	»
Maîtres — armurier	0 33 2	0 44 »	»	»	»
Maîtres — autres ouvriers	0 09 9	0 09 9	»	»	»
Maréchal-des-Logis chef	0 51 6	0 67 0	»	»	»
Maréchal-des-Logis et Fourrier	0 33 2	0 44 0	»	»	»
Brigadier	0 30 5	0 30 5	»	»	»
Artificier	0 23 0	0 23 0	»	»	»
Canonnier servant — de 1re classe	0 18 0	0 18 0	»	»	»
Canonnier servant — de 2e classe	0 13 5	0 13 5	»	»	»
Canonnier conducteur — de 1re classe	0 18 0	0 18 0	»	»	»
Canonnier conducteur — de 2e classe	0 13 5	0 15 5	»	»	»
Ouvrier en bois et en fer / Maréchal ferrant	0 18 0	0 18 0	»	»	»
Bourrelier	0 13 0	0 13 0	»	»	»
Trompette	0 25 0	0 25 0	»	»	»

OBSERVATIONS.

Les Officiers détachés de leurs corps pour être employés dans les établissemens ou placés à l'intérieur, n'ont droit qu'à la solde attribuée aux officiers de leur grade dans l'état-major particulier de l'artillerie. Les lieutenans, sous-lieutenans détachés de même, n'ont droit qu'à la solde attribuée aux lieutenans et sous-lieutenans du régiment de pontonniers, paragraphe 1er 1842, p. 37.

Voir le N° 19.

Voir le 4e paragraphe des Observations générales, qui précèdent les Tarifs.

La solde de 1er et 2e canonniers servant, avec un supplément de 5 centimes pour les journées de présence seulement

SUITE DES RÉGIMENTS D'ARTILLERIE.

GRADES.	SOLDE DE PRÉSENCE PAR JOUR.				SOLDE D'ABSENCE PAR JOUR.			OBSERVATIONS.
	avec vivres de campagne ou sans vivres.	en station avec le pain seulement.	en marche en corps ou en détachement.	supplément de solde dans Paris.	en semestre ou en congé.	à l'hôpital.	à l'hôpital étant en congé ou en semestre avec solde.	
	f. c.	f. c.	f. c.	f. c. m	f. c. m			
Batteries à pied montées. Maréchal-des-logis chef	1 72	1 87	2 12	0 51 6	0 67 0	»	»	
Maréchal-des-logis et fourrier	1 06	1 21	1 41	0 33 2	0 44 0	»	»	
Brigadier	0 77	0 92	1 02	0 30 5	0 30 6	»	»	
Artificier	0 61	0 76	0 76	0 18 0	0 28 0	»	»	
Canonniers. servant. de 1re classe	0 41	0 56	0 66	0 13 0	0 13 0	»	»	La solde de 1er ou de canonnier servant, avec un supplément de 5 centimes pour les journées de présence seulement.
de 2e classe	0 32	0 47	0 57	0 08 5	0 08 5	»	»	
conduct. de 1re classe	0 51	0 66	0 76	0 28 0	0 18 0	»	»	
de 2e classe	0 42	0 57	0 67	0 13 5	0 13 5	»	»	
Ouvrier en bois ou en fer						»	»	
Maréchal ferrant	0 51	0 56	0 66	0 13 0	0 18 0	»	»	
Bourrelier	0 41	0 56	0 66	0 13 0	0 13 0	»	»	
Trompette	0 65	0 80	0 90	0 25 0	0 25 0	»	»	
Batteries à pied non montées. Maréchal-des-logis chef	1 62	1 77	2 02	0 47 6	0 62 0	»	»	
Maréchal-des-logis et fourrier	0 96	1 11	1 31	0 29 2	0 39 0	»	»	
Brigadier	0 67	0 82	0 92	0 25 5	0 25 5	»	»	Comme aux batteries à cheval et celles non montées.
Artificier	0 51	0 66	0 76	0 18 0	0 18 0	»	»	
Ouvrier en bois ou en fer						»	»	
Canonnier servant. de 1re classe	0 41	0 56	0 66	0 13 0	0 13 0	»	»	
de 2e classe	0 32	0 47	0 57	0 08 5	0 08 5	»	»	
Trompette	0 55	0 70	0 80	0 20 0	0 20 0	»	»	On la solde de trompette, s'il fait titulairement le service.
Enfants de troupe. avant l'âge de 14 ans		0 28 5	0 48 5	0 00 2		»	»	
à l'âge de 14 ans.	0 32	0 47	0 57	0 08 5		»	»	

SOLDE DE PRÉSENCE.

Officiers.

GRADES.	par an.	par mois.	PAR JOUR — en station ou en campagne.	en marche en corps ou en détachement.	avec vivres de campagne ou sans vivres.	supplément de solde dans Paris.
	f. c.	f. c. m.	f. c.	f. c. m	f. c.	f. c.
Compag. de sapeurs ou mineurs. — capit. en prem.	2,800 00	233 33 3	7 77 7	10 77 7	»	1 94 4
capit. en second	2,400 00	200 00 0	6 66 6	9 66 6	»	1 66 6
lieut. en prem.	1,850 00	154 16 6	5 13 8	7 63 8	»	1 71 2
lieut. en second	1,650 00	137 50 0	4 58 3	7 08 3	»	1 52 7
Compag. de sapeurs ou conduct. — capit. en prem.	3,000 00	250 00 0	8 33 3	11 33 3	»	2 08 3
capit. en second	2,600 00	216 66 6	7 22 2	10 22 2	»	1 80 5
lieut. en prem.	2,050 00	170 83 3	5 69 4	8 19 4	»	1 86 8
lieut. en second	1,850 00	154 16 6	5 13 8	7 63 8	»	1 71 2

S.-Offic. et Soldats.

GRADES.	en station ou en campagne.	en marche en corps ou en détachement.	avec vivres de campagne ou sans vivres.	supplément de solde dans Paris.
Adjudant sous-officiers	3 05 0	3 90 0	2 90 0	0 94 8
Tambour major	1 38 0	1 63 0	1 23 0	0 32 0
Caporal tambour	0 94 0	1 04 0	0 79 0	0 25 5
Musiciens soldats	....	....	....	....
Maîtres armurier	1 11 0	1 31 0	0 96 0	0 29 2
Maîtres taill., cordonn.	0 42 0	0 52 0	0 27 0	0 06 0
St-maj. et mar.-des-log.-chef	1 77 0	2 02 0	1 62 0	0 47 6
St-mar.-des-logis et fourrier	1 11 0	1 31 0	0 96 0	0 29 2
Caporal et brigadier	0 82 0	0 92 0	0 67 0	0 25 5
Artificier ou maître armur.	0 69 0	0 79 0	0 54 0	0 19 0
Mineur, sapeur et sap. conduct. de 1re cl.	0 63 0	0 73 0	0 48 0	0 16 5
de 2e cl.	0 58 0	0 68 0	0 43 0	0 14 0
Maréch-ferrant et bourrelier	0 51 0	0 46 0	0 36 0	0 28 0
Les mêmes admis à la 1re cl.	0 63 0	0 76 0	0 48 0	0 28 0
Tambour	0 68 0	0 78 0	0 53 0	0 14 0
Trompette	0 80 0	1 05 0	0 65 0	0 42 5
Enfants de troup. avant l'âge de 14 a.	0 34 0	0 54 0	....	0 12 0
à l'âge de 14 ans	0 46 0	0 56 0	0 31 0	0 08 0

SOLDE D'ABSENCE PAR JOUR.

GRADES.	en semestre ou en congé.	à l'hôpital.	à l'hôpital étant en semestre, en congé avec solde.	en captivité.	OBSERVATIONS.
	f. c. m	f. c. m	f. c. m	f. c. m	
Officiers (capit. en prem.)	3 88 8	5 77 7	1 88 8	3 88 8	
capit. en second	3 33 3	4 66 6	1 33 3	3 35 3	
lieut. en prem.	2 56 9	3 63 8	1 06 9	2 56 9	
lieut. en second	2 29 1	3 08 3	0 79 1	2 29 1	
capit. en prem.	4 16 6	6 33 3	2 16 6	4 16 6	L'augmentation de 200 francs accordée aux compagnies de sapeurs conducteurs, est exclusivement applicable à la solde d'activité. (2e semestre, 1841, page 320.
capit. en second	3 61 1	5 22 2	1 61 1	3 61 1	
lieut. en prem.	2 84 7	4 19 4	1 34 7	2 84 7	
lieut. en second	2 56 9	3 63 8	1 06 9	2 56 9	
Adjudant sous-officiers	1 81 0	0 87 3	0 43 6	»	
Tambour major	1 42 5	....	»	»	
Caporal tambour	0 25 5	0 10 0	»	»	
Musiciens soldats	....	»	»	»	La solde de sapeur.
Maîtres armurier	0 39 0	»	»	»	
taill., cordonn.	0 06 0	»	»	»	Voir le 4e § des observations générales qui précèdent les Tarifs.
St-maj. et mar.-des-log.-chef	0 62 0	»	»	»	
St-mar.-des-logis et fourrier	0 39 0	»	»	»	
Caporal et brigadier	0 25 5	»	»	»	
Artificier ou maître armur.	0 19 »	»	»	»	
Mineur de 1re cl.	0 16 5	»	»	»	
de 2e cl.	0 14 »	»	»	»	
Maréch-ferrant et bourrelier	0 18 0	»	»	»	
Les mêmes admis à la 1re cl.	0 18 0	»	»	»	
Tambour	0 14 0	0 10 0	»	»	
Trompette	1 32 5	»	»	»	2e semestre, 41, page 320.
Enfants avant 14 a.	....	»	»	»	
à l'âge de 14 ans	....	»	»	»	

DÉSIGNATION DES GRADES	SOLDE DE PRÉSENCE par an.	par mois.	PAR JOUR. en station ou en campagne.	en marche, en corps ou en détachement.	supplément de solde dans Paris.	SOLDE D'ABSENCE PAR JOUR. en semestre ou en congé.	à l'hôpital.	à l'hôpital étant en semestre ou en congé avec solde.	en captivité.	OBSERVATIONS.
	f. c.	f. c. m.	f. c. m	f. c. m.	f. c. m.	f. c. m	f. c. m.	f. c. m	f. c. m.	
Officiers.										
Compag. de s.-officiers et de fusiliers. capitaine	2,000 0	166 66 6	5 55 5	8 55 5	1 38 8	2 77 7	3 55 5	0 77 7	2 77 7	
lieutenant	1,450 0	120 83 3	4 02 7	6 52 7	1 34 2	2 01 3	2 52 7	0 51 3	2 01 3	
sous-lieutenant	1,350 0	112 50 0	3 75 0	6 25 0	1 25 0	1 87 5	2 50 0	0 60 6	1 87 6	
Compag. de canonn., vétér. et de vétér. du génie. capitaine en 1er	2,400 0	200 00 0	6 66 6	9 66 6	1 66 6	3 33 3	4 66 6	1 33 3	3 33 3	
capitaine en 2e	2 000 0	166 66 5	5 55 5	8 55 5	1 38 8	2 77 7	3 55 5	0 77 7	2 77 7	
lieutenant en 1er	1,750 0	145 83 3	4 86 1	7 36 1	1 62 0	2 43 0	3 36 1	0 93 0	2 43 0	
lieutenant en 2e	1,450 0	120 83 3	4 02 7	6 52 7	1 34 2	2 01 3	2 52 7	0 51 3	2 01 3	
Compag. de gendarmes vétérans. capitaine en 1er	2,200 0	183 33 3	6 11 1	9 11 1	1 52 7	3 05 5	4 11 1	1 05 5	3 05 5	
capitaine en 2e	1,800 0	150 ou 0	5 00 0	8 00 0	1 25 0	2 50 0	3 00 0	0 50 0	2 50 0	
lieutenant en 1er	1,550 0	129 16 6	4 30 5	6 80 5	1 43 5	2 15 2	2 80 5	0 65 2	2 15 2	
lieutenant en 2e	1 350 0	112 50 0	3 75 0	6 25 0	1 25 0	1 87 5	2 50 0	0 62 5	1 87 5	
Compagn. de cavaliers vétérans. capitaine	2,300 0	191 66 6	6 38 8	9 38 8	1 59 7	3 19 4	4 38 8	1 19 4	3 19 4	
lieutenant	1,600 0	133 33 3	4 44 4	6 94 4	1 48 1	2 22 2	2 94 4	0 72 2	2 22 2	
sous-lieutenant	1,500 0	115 00 0	4 16 6	6 66 6	1 38 8	2 08 3	2 91 6	0 83 3	2 08 3	

DÉSIGNATION DES GRADES.		SOLDE DE PRÉSENCE PAR JOUR.				SOLDE D'ABSENCE PAR JOUR.			OBSERVATIONS.
		avec vivres de campagne ou sans vivres.	en station avec le pain seulement.	en marche en corps avec le pain.	supplément de solde dans Paris	en semestre ou en congé.	à l'hôpital.	à l'hôpital étant en semestre ou en congé avec solde.	
Sous-Officiers et Soldats.		f. c. m	f. c. m	f. c. m	f. c. m	f. c. m	f. c. m	f. c. m	
Compagnies du Sous-Officiers.	sergent-major	1 65 0	1 70 0	2 05 0	0 58 0	0 64 5	0 40 3	»	
	sergent et fourrier	1 05 0	1 10 0	1 40 0	0 42 0	0 44 5	0 27 0	»	
	caporal	0 73 0	0 78 0	0 98 0	0 37 5	0 29 5	0 17 0	»	
	sous-officiers	0 47 0	0 52 0	0 72 0	0 25 0	0 17 0	0 08 5	»	
	tambour	0 62 0	0 67 0	0 87 0	0 25 0	0 17 0	0 23 5	»	
	enfant de troupe	.....	0 35 0	0 55 0	0 12 5	0 00 0	0 00 0	»	
Compagnies de fusiliers.	sergent-major	0 98 0	1 13 0	1 38 0	0 22 0	0 30 0	.....	.....	Les sous-officiers, caporaux et soldats des compagnies de fusiliers vétérans, sont assimilés pour la solde à ceux de l'infanterie.
	sergent et fourrier	0 60 0	0 75 0	0 95 0	0 14 8	0 21 0		»	Les hommes provenant des compagnies de fusiliers sédentaires conservent les suppléments de solde déterminés par l'ordonn. du 26 juillet 1831.
	caporal	0 41 0	0 56 0	0 66 0	0 12 5	0 12 5		»	
	fusilier	0 25 0	0 40 0	0 50 0	0 05 0	0 05 0		»	
	tambour	0 35 0	0 50 0	0 60 0	0 05 0	0 05 0	0 10 0	»	
	enfant de troupe	.....	0 25 0	0 45 0	0 07 5	0 00 0	.....	»	
Compagnies de Canonniers Vétérans et de Vétérans du Génie.	sergent-major	1 65 0	1 70 0	2 05 0	0 58 0	0 64 5	0 40 3	»	
	sergent et fourrier	1 05 0	1 10 0	1 40 0	0 42 0	0 44 5	0 27 0	»	
	caporal	0 73 0	0 78 0	0 98 0	0 37 5	0 29 5	0 17 0	»	
	canonnier vétéran du génie	0 47 0	0 52 0	0 72 0	0 25 0	0 17 0	0 08 5	»	
	tambour	0 57 0	0 62 0	0 82 0	0 25 0	0 17 0	0 18 5	»	
	enfant de troupe	.....	0 35 0	0 55 0	0 12 5	0 00 0	0 00 0	»	

DÉSIGNATION des grades et emplois.	SOLDE et SUPPLÉMENT DE SOLDE.	OBSERVATIONS.
Militaires employés dans les dépôts de recrutement.		
Officiers....	Les officiers reçoivent la solde attribuée à leur grade et à leur classe dans l'armée dont ils font partie, avec le supplém. d'un cinquième. L'indemnité de fourrages n'est due dans aucun cas.	
Sous-Officiers	La solde affectée aux militaires de leur grade dans le corps dont ils sont détachés avec un supplément de 40 centimes par jour. Ceux qui appartiennent aux compagnies d'élite jouissent de la solde attribuée à cette position (1er semestre, 4t, p. 345).	
Militaires détachés extraordinairement pour la conduite des Recrues.		
Officiers....	La solde de leur grade et de leur classe dans leur arme avec le supplément du cinquième.	
Sous-Officiers Caporaux ou Brigadiers et Soldats.	La solde de leur grade dans leur arme avec les suppléments ci-après : Sous-Officiers... 26 c. par jour. Capor. ou brigad. 20 c. par jo r. Soldat......... 10 c. par jour. Tamb. ou clairon. 15 c. par jour.	Lorsque les conducteurs en chefs sont pris parmi les soldats, ils reçoivent le supplément accordé aux caporaux. Sont traités comme soldats, sauf le cas ci-dessus, les conducteurs pris parmi les compagnies de sous-officiers vétérans qui n'y occupent pas l'emploi du sergent ou de caporal.

DÉSIGNATION des GRADES.	fixation du supplément par distance d'étape.			OBSERVATIONS.
	f.	c.	m.	
Capitaines....................	1	20	0	
Lieutenants et Sous-Lieutenants....	1	0	0	
Adjudant, Sous-Officiers et Vétérinaire en 1er....................	0	40	0	
Sergent-Major, Maréchal-des-Logis chef et Tambour-Major...........	0	16	0	
Sergent, Maréchal-des-Logis, Fourrier, Élève fourrier, Maréchal-des-Logis, Trompette, Vétérinaire en second, Maître ouvrier (s'il est sous-officier)....................	0	14	0	
Caporal-Tambour ou Clairon, Brigadier, Brigadier-Trompette, Musicien, Soldat, Tambour, Clairon, Trompette, Maître ouvrier (s'il n'est pas sous-officier), Enfant de troupe.....	0	10	0	

DÉSIGNATION.	NOMBRE DE CHEVRONS.	FIXATION JOURNALIÈRE.			
		infanterie de ligne et légère.		cavalerie et armes spéciales.	
		sous-officiers.	caporaux et soldats.	sous-officiers.	caporaux ou brigadiers et soldats.

Haute paie pour ancienneté de service.

		f. c. m.	f. c. m.	f. c. m.	f. c. m.
Après 7 ans................	1	0 10 0	0 08 0	0 15 0	0 12 0
Après 11 ans................	2	0 15 0	0 10 0	0 20 0	0 15 0
Après 15 ans................	3	0 20 0	0 15 0	0 25 0	0 20 0
Haute paie au Tambour-Major.	»	0 32 8	0 00 0	0 32 8	0 00 0

Haute paie.

		f. c. m.	f. c. m.	f. c. m.	f. c. m.
Au Caporal sapeur et au Sapeur.	»	0 00 0	0 05 0	0 00 0	0 00 0

Les Cavaliers, les Canonniers vétérans et les vétérans du Génie reçoivent la même haute paie d'ancienneté que celle réglée pour les armes spéciales.

Il n'en est point accordé aux compagnies de sous-officiers de fusiliers, de Gendarmes vétérans.

N° 12. *Indemnité extraordinaire en rassemblement.*

Capitaines de toutes armes	40 »	par mois.
Lieutenans et Sous-Lieutenans idem	30 »	par mois.
Vétérinaires { principal.	40 »	}
en premier	30 »	} par mois.
aide-vétérinaire.	24 »	}
sous aide-vétérinaire	18 »	}
Adjudans Sous-Officiers.	» 15	par jour.
Sous-Officiers	» 5	par jour.
Caporaux ou Brigadiers et soldats	» 5	par jour.

N° 13. *Indemnité en remplacement d'eau-de-vie.*

DÉSIGNATION DES DÉPARTEMENS.	FIXATION de l'Indemnité par jour.	OBSERVATION.
	fr. c. m.	MM. les géné-
Seine, Seine-et-Oise, Oise, Loiret, Eure-et-Loire, Seine-et-Marne et Aisne. . . .	0 02 70	raux comman-dant les divisions
Marne, Ardennes, Meuse, Doubs, Haute-Saône, Jura, Ille-et-Vilaine, Côtes-du-Nord, Finistère, Morbihan, Basses-Pyré-nées, Hautes-Pyrénées, Landes et Gers.	0 03 50	territoriales dé-terminent, cha-que année, les époques auxquel-
Moselle, Meurthe, Vosges, Bouches-du-Rhône, Var, Basses-Alpes et Vaucluse. .	0 02 80	les doit commen-cer et finir l'al-
Indre-et-Loire, Vienne, Loir-et-Cher, Mayenne, Sarthe, Haute-Garonne, Lot, Tarn-et-Garonne, Tarn, Côte-d'Or, Au-be, Haute-Marne, Saône-et-Loire, Yon-ne, Pyrénées-Orientales, Arriége et Aude	0 03 10	location de l'in-demnité.
Rhône, Ain, Isère, Hautes-Alpes, Drôme et Loire	0 05 00	
Hérault, Aveyron, Gard, Ardèche et Lozère	0 02 10	
Gironde, Charente, Charente-Inférieure, Dordogne, Lot-et-Garonne.	0 03 30	
Loire-Inférieure, Vendée, Maine-et-Loire, Deux-Sèvres.	0 03 50	
Seine-Inférieure, Eure, Calvados, Orne, Manche, Indre, Cher, Nièvre, Haute-Vienne, Creuse.	0 03 80	
Corse	0 03 70	
Puy-de-Dôme, Allier, Haute-Loire, Can-tal et Corèze.	0 04 00	
Nord, Pas-de-Calais, Somme.	0 04 40	
Bas-Rhin et Haut-Rhin.	0 02 90	

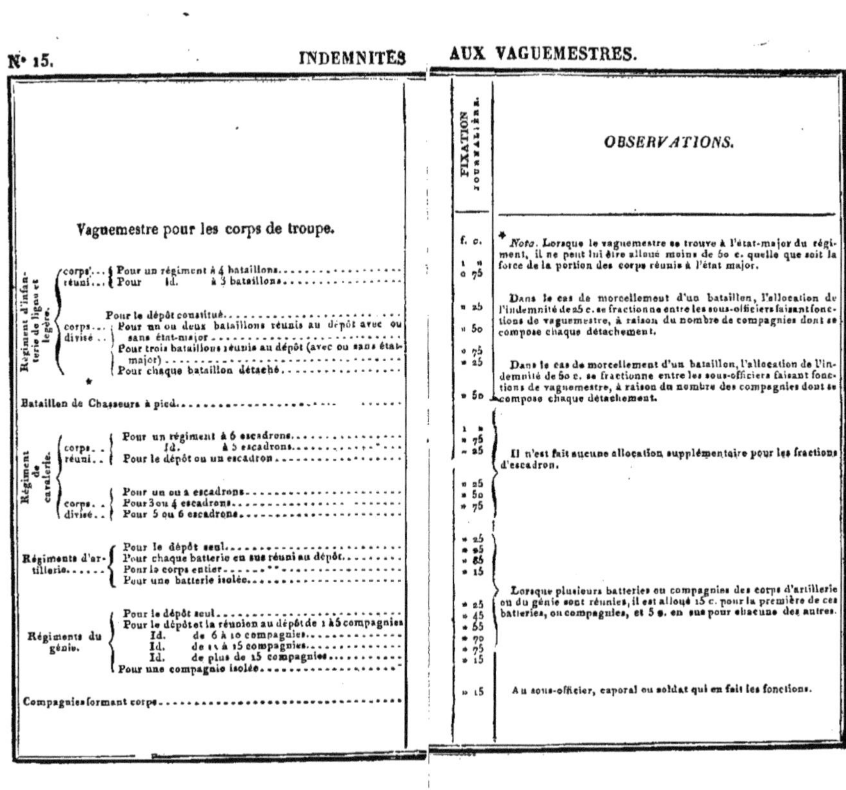

Vaguemestre pour les corps de troupe.

		FIXATION JOURNALIÈRE.	OBSERVATIONS.
		f. c.	
Régiment d'infanterie de ligne et légère. — corps réuni...	Pour un régiment à 4 bataillons..........	1 "	* *Nota.* Lorsque le vaguemestre se trouve à l'état-major du régiment, il ne peut lui être alloué moins de 5o c. quelle que soit la force de la portion des corps réunis à l'état major.
	Pour Id. à 3 bataillons..........	o 75	
corps divisé...	Pour le dépôt constitué..........	" 25	Dans le cas de morcellement d'un bataillon, l'allocation de l'indemnité de 25 c. se fractionne entre les sous-officiers faisant fonctions de vaguemestre, à raison du nombre de compagnies dont se compose chaque détachement.
	Pour un ou deux bataillons réunis au dépôt avec ou sans état-major..........	" 5o	
	Pour trois bataillons réunis au dépôt (avec ou sans état-major)..........	o 75	Dans le cas de morcellement d'un bataillon, l'allocation de l'indemnité de 5o c. se fractionne entre les sous-officiers faisant fonctions de vaguemestre, à raison du nombre des compagnies dont se compose chaque détachement.
	Pour chaque bataillon détaché..........	" 25	
Bataillon de Chasseurs à pied..........		" 5o	
Régiment de cavalerie. — corps réuni..	Pour un régiment à 6 escadrons..........	1 "	
	Id. à 5 escadrons..........	" 75	
	Pour le dépôt ou un escadron..........	~ 25	Il n'est fait aucune allocation supplémentaire pour les fractions d'escadron.
corps divisé..	Pour un ou 2 escadrons..........	" 25	
	Pour 3 ou 4 escadrons..........	" 5o	
	Pour 5 ou 6 escadrons..........	" 75	
Régiments d'artillerie.	Pour le dépôt seul..........	" 25	
	Pour chaque batterie en sus réuni au dépôt..........	" 95	
	Pour le corps entier..........	" 85	
	Pour une batterie isolée..........	" 15	
Régiments du génie.	Pour le dépôt seul..........	" 25	Lorsque plusieurs batteries ou compagnies des corps d'artillerie ou du génie sont réunies, il est alloué 15 c. pour la première de ces batteries, ou compagnies, et 5 c. en sus pour chacune des autres.
	Pour le dépôt et la réunion au dépôt de 1 à 5 compagnies	" 45	
	Id. de 6 à 1o compagnies..........	" 55	
	Id. de 11 à 15 compagnies..........	" 7o	
	Id. de plus de 15 compagnies..........	" 75	
	Pour une compagnie isolée..........	" 15	
Compagnies formant corps..........		" 15	Au sous-officier, caporal ou soldat qui en fait les fonctions.

SUITE DES VAGUEMESTRES

DES

CORPS DE TROUPE.

		FIXATION JOURNALIÈRE.	OBSERVATIONS.
		f. c	
Régiments du génie	Pour le dépôt seul............................	0 25	
	Pour le dépôt et la réunion au dépôt de 1 à 5 compagnies............................	0 40	
	De 6 à 10 id............................	0 55	Même observation que de la dernière d'autre part.
	De 11 à 15 id............................	0 70	
	De plus de 15 id............................	0 75	
	Pour une compagnie isolée....................	0 15	
Corps du train des équipages militaires.	Pour le Dépôt et l'État-Major............	0 30	Quel que soit le nombre des compagnies qui y sont réunies (1er sem. 42, p. 261).
	Pour une Compagnie isolée..............	0 15	
Compagnie de discipline, de Vétérans, d'Ouvriers d'artillerie, du Génie et des équipages militaires..............................		0 15	

DÉSIGNATION DES GRADES.	FIXATION	OBSERVATIONS.
	f. c.	
Infanterie de ligne et légère........	550	Les sous-officiers promus sous-lieuten. dans le bataillon de Pontonniers ou dans les compagnies d'ouvriers d'infanterie et qui passent ensuite avec ce grade ou celui de lieutenant dans les régiments d'artillerie, reçoivent un supplément de 1re mise fixé à 250 f.
Carabiniers et cuirassiers	1050	
Dragons, Lanciers, Chasseurs et Hussards................	950	
Régiments d'artillerie...........	950	
Régiments du Génie et compagnies d'ouvriers du génie...........	570	
Régiments de Pontonniers et compagnies d'Ouvriers d'artillerie...	700	
Trains en général.............	850	
Compagnies d'Ouvriers du train des équipages................	570	

DÉSIGNATION DES CORPS.	FIXATION par CORPS.	OBSERVATIONS.
	f. c.	
Infanterie de ligne { à 4 bataillons...	400 »	
et légère { à 3 bataillons...	300 »	
Bataillon d'infanterie légère d'Afrique, de chasseurs à pied et d'ouvriers d'administration...	100 »	
Régiments de cavalerie...	200 »	
Régiments d'artillerie...	600 »	Il est alloué 650 f. pour les régiments qui ont une 13e batterie.
Régiments de pontonniers...	300 »	
Escadron du train des parcs...	200 »	
Compagnies d'ouvriers d'artillerie...	40 »	
Régiments du génie...	400 »	
Corps du train des équipages militaires.	200 »	
Compagnie d'ouvriers des équipages...	40 »	
Compagnie d'ouvriers du génie...	40 »	

TARIF des indemnités d'habillement et du petit équipement à payer par les militaires admis à se faire remplacer.

DÉSIGNATION DES ARMES.	SOMMES À PAYER.		OBSERVATIONS.
	Dans les caisses de l'Etat, pour indemnité d'habillement. A.	Dans les caisses de leur corps pour fourniture du petit équipement du remplaçant. B.	
Troupes à pied.	fr.	f.	A. Tout jeune soldat admis à se faire remplacer, et qui, bien que présent sous les drapeaux, n'a reçu, depuis son incorporation, aucun effet d'habillement, est dispensé de payer cette indemnité.
Régiments du génie et ouvriers	90	51	
Ouvriers des Équipages	85	40	
Ouvriers d'administration	75	40	
Toute autre arme	80	40	B. Le milit. remplacé peut, au lieu de faire ce versement, fournir en nature à son remplaçant tous les effets de première mise qui sont à la charge de la masse individuelle. Enfin il est dispensé de faire ce versement s'il n'a pas reçu lui-même la première mise de masse individuelle due aux hommes de recrues.
Troupes à cheval.			
Carabiniers	95	70	
Cuirassiers	75	75	
Dragons	95	69	
Lanciers	85	73	
Chasseurs	80	72	
Hussards	120	66	
École de cavalerie	80	75	
Remontes	80	80	
— montées	85	74	
— non montées	70	49	
Trains des parcs, du génie et des équipages militaires	75	59	

(1er sem. 1832; p. 85 et ordonnance du 25 décembre 1837.)
Lorsque le remplacement a lieu entre hommes du même corps, au moment de la libération du remplaçant, il n'y a pas lieu, pour le remplacé, à payer les indemnités de première mise d'habillement et de petit équipement. (Circul. du 10 juillet 1833, rappelée dans la table du *Journal militaire*, page 403.)

[illegible]

[illegible]

[illegible]

[illegible]

[illegible]

SUPPLÉMENT DE 1re MISE A ALLOUER.

DÉSIGNATION des GRADES ET ARMES.	Fixation de la première mise. (A.) f. c.	Prime journalière. f. c.	Complet de la masse. (B.) f.	Aux Sous-Officiers Caporaux, Brigadiers ou Soldats admis par suite de mutations dans un corps de troupe. À pied. f.	À cheval. f.	Aux Sous-Officiers promus Adjudants-sous-Officiers. f.
Adjudants-sous-Officiers						
Infanterie et bataillon d'administration	»	» 28	»	»	»	»
Cavalerie, Train et Génie	»	» 80	»	»	»	»
École de cavalerie	»	» 41	»	»	»	»
Artillerie et Pontonniers	»	» 86	»	»	»	»
Maîtres ouvriers de tous corps organisés en régiment, en bataillon ou escadron	170	» 24	»	»	»	»
Sous-Officiers, Caporaux ou Brigadiers et Soldats.						
Infanterie de ligne ou légère	40	» 10	35	»	40	140
Carabiniers	70	» 14	55	10	»	130
Cuirassiers	75	» 14	55	10	»	130
Dragons	69	» 14	55	10	»	170
Lanciers	73	» 14	55	10	»	140
Chasseurs	72	» 14	55	10	»	140
Hussards	66	» 14	55	10	»	180
École de cavalerie	75	» 14	55	10	»	180

OBSERVATIONS.

A. La prime individuelle des Adjudants-sous-Officiers et des Maîtres ouvriers, est affectée à l'entretien et au renouvellement non-seulement de l'équipement de ces militaires, mais encore de leur habillement (excepté le casque, le manteau et le grand équipement dans la cavalerie.) Celle des Adjudants-sous-Officiers est perçue par eux en même temps que la solde, celle des Maîtres ouvriers est versée à la solde.

B. Les Adjudants-sous-Officiers n'ont point de masse. Celle des Maîtres ouvriers est soumise à toutes les règles établies pour la masse des Sous-Officiers et Soldats.

C. Ce supplément n'est pas dû aux Adjudants Sous-Officiers, aux Vétérinaires, ni aux Maîtres ouvriers qui passent d'un corps dans un autre.

MASSE INDIVIDUELLE.

DÉSIGNATION des GRADES ET ARMES.	Fixation de la première mise. (f. c.)	Prime journalière. (f. c.)	Complet de la masse. (f.)	SUPPLÉMENT DE 1re MISE À ALLOUER. Aux Sous-Officiers, Caporaux, Brigadiers ou Soldats admis par suite de mutations dans un corps de troupe. — à pied. (f.)	à cheval. (f.)	Aux Sous-Officiers promus Adjudants-sous-Officiers. (f.)	OBSERVATIONS.
Artillerie — hommes montés	74	» 14 »	55	10	»	170	Les Soldats nommés maîtres ouvriers, n'ont droit à aucune première mise, ni à aucun supplément de première, attendu qu'ils conservent ceux de leurs effets d'habillement dont ils peuvent faire usage dans leur nouvel emploi.
Artillerie — hommes non montés	49	» 10 »	40	»	40	»	
Artillerie — canonniers conducteurs	75	» 14 »	55	10	»	»	
Pontonniers	49	» 10 »	40	»	40	170	(F) Les Sous-Officiers, Caporaux et Soldats des régiment d'infanterie, stationnés en Corse, ont droit à un supplément de prime journalière fixé à 2 cent. pour les journées de présence au corps, ce supplément n'est dû ni aux Adjudants-sous-officiers ni aux Maîtres-Ouvriers.
Ouvriers d'artillerie	49	» 10 »	40	»	40	»	
Génie — mineurs, sapeurs et ouvriers	51	» 10 »	40	»	40	»	
Génie — sapeurs-conducteurs	59	» 14 »	55	10	»	»	
Trains des parcs, d'artillerie et des équipages	59	» 14 »	55	10	»	140	
Ouvriers des équipages	40	» 10 »	35	»	40	»	
Ouvriers d'administration	40	» 10 »	35	»	40	140	
Vétérans — cavaliers	62	» 14 »	55	10	»	»	
Vétérans — de toute autre arme	40	» 10 »	35	»	40	»	
Compagnies de discipline	40	» 10 »	35	»	40	»	
Compagnies d'infirmiers militaires	40	» 15 »	35	»	»	»	
Hommes de recrues jugés susceptibles de réforme	»	» » »	»	»	»	»	La première mise n'est due qu'aux hommes de nouvelle levée.
Lors de leur arrivée au corps (1re mise provisoire)	12	» » »	»	»	»	»	

TITRE II.

De la comptabilité intérieure des compagnies, escadrons ou batteries et détachemens.

<hr>

PREMIÈRE LEÇON.

Attributions des commandans de compagnie, d'escadron ou de batterie.

326. *D.* Quelles sont les attributions des commandans de compagnie, d'escadron ou de batterie en matière de comptabilité?

R. Ils sont chargés, sous l'autorité et la surveillance du conseil et du major, de tous les détails et écritures qui ont pour objet l'administration de la troupe placée sous leurs ordres; ils font tenir les écritures par les sergens-majors et les fourriers.

Ils veillent incessamment aux intérêts du soldat, et doivent s'attacher à prévenir tout ce qui pourrait avoir pour effet d'obérer les masses individuelles.

Ils jugent directement, ou après avoir pris l'avis des officiers sous leurs ordres, sauf le recours des parties intéressées au major, et subsidiairement au conseil, si, en raison de la cause manifeste ou apparente des dégradations faites aux effets ou aux armes, le prix des réparations nécessaires doit être mis à la charge des hommes qui en sont détenteurs.

Ils sont autorisés à suspendre, avec l'approbation du major, la réparation des effets de la deuxième catégorie et des armes laissées par les hommes qui entrent dans une position d'absence, lorsqu'ils reconnaissent que ces effets ou armes peuvent, en raison du peu d'importance de la dégradation, faire encore un bon service, entre les mains de ces hommes à leur retour au corps.

Ils adressent les réclamations au conseil, lorsque le paiement de la solde ou des distributions n'a pas lieu aux époques réglementaires; que les fournitures sont défectueuses ou incomplètes, et enfin qu'une imputation ou retenue illégale est faite à leur troupe.

Si leurs réclamations restent sans effet, ils peuvent les porter devant les officiers de l'intendance militaire.

Ils sont responsables des fonds, effets ou fournitures quelconques, dont ils donnent quittance ou récipissé, et des distributions de toute nature effectuées en excédant des droits réels d'après les situations qu'ils ont certifiées.

Toutes les dispositions de l'ordonnance du 10 mai 1844, qui concernent les commandans de compagnie, d'escadron ou de batterie, désignés, soit par cette qualification soit par le titre seul de *capitaine*, sont applicables aux commandans de compagnie du grade de lieutenant ou de sous-lieutenant.

DEUXIÈME LEÇON.

Des registres, de leur tenue et des documens qui s'y rattachent.

327. *D.* Quels sont les registres à tenir dans chaque portion de corps.

R. Les écritures et opérations auxquelles donnent lieu l'administration et la comptabilité des corps de troupes, ou des portions de corps ayant une administration distincte, sont consignées dans les registres ci-après désignés :

Il est tenu dans chaque portion du corps, par les soins du capitaine, pour l'administration particulière de sa compagnie, de son escadron ou de sa batterie :

Une matricule du personnel et des effets et des armes en service.

Une matricule des chevaux et des effets de harnachement dans les corps de troupe à cheval.

Un livre de détail.

Cette disposition est commune aux détachemens administrés comme compagnie, escadron ou batterie, quel que soit le grade de leur chef. Elle n'est applicable aux corps organisés sous le titre de compagnies, qu'en ce qui concerne le livre de détail.

328. *D.* Quel est l'objet de la matricule des effets et armes en service ?

R. Ce registre est destiné à recevoir la transcription de tous les renseignemens que présente le registre matricule du corps pour les sous-officiers et soldats composant la compagnie, l'escadron ou la batterie, ainsi que l'enregistrement des effets d'habillement, de coiffure, de grand équipement et d'armement qui leur sont distribués, avec indication des époques de réintégration en magasin ou de perte des effets de la 1re catégorie.

Les feuillets de la matricule sont individuels et mobiles.

Tous les feuillets concernant les militaires qui cessent d'appartenir à la compagnie, l'escadron ou la batterie, sont détachés de la matricule et remis ou envoyés, savoir :

1° Ceux des hommes qui, dans le même corps, changent de compagnie, d'escadron ou de batterie, ou qui passent à un autre corps, au nouveau capitaine ou au nouveau corps, *aussitôt après la radiation des contrôles.*

2° Ceux des hommes renvoyés dans leurs foyers pour faire partie de la réserve, aux commandans des dépôts de recrutement, immédiatement après la délivrance des congés illimités.

3° Ceux des hommes qui cessent d'appartenir à l'armée, aux archives du corps.

329. *D.* Dans quel but est prescrite la tenue de la matricule des chevaux et des effets de harnachement?

R. Cette matricule est destinée à recevoir, d'une part, les inscriptions, extraites de la matricule du corps, faisant connaître les dates de réception et d'arrivée du cheval, son origine, son signalement, les effets de harnachement qui lui sont successivement affectés, et le nom du cavalier auquel il appartient; d'autre part, à titre de renseignemens sur l'état physique et sanitaire du cheval, son classement successif aux inspections générales et la durée du séjour aux infirmeries, avec l'indication sommaire du genre de maladie; enfin la date et les causes de sa radiation des contrôles du corps.

Les feuillets de cette matricule sont individuels et mobiles.

Ceux concernant les chevaux morts, vendus ou abattus, sont déposés aux archives du corps.

330. *D.* Quel est l'objet du livre de détail?

R. Le livre de détail est destiné à présenter dans l'ordre ci-après, et en autant de chapitres que l'arme le comporte, les renseignemens indiqués par le titre même de chacun de ces chapitres, savoir :

CHAPITRE 1er. *Renseignemens sur la position de la compagnie, de l'escadron ou de la batterie.*

Les mouvemens s'inscrivent au fur et à mesure qu'ils s'effectuent.

CHAPITRE 2. *Renseignemens relatifs aux allocations de vivres de campagne, d'indemnités et de fournitures extraordinaires.*

Les inscriptions se font sur la mise à l'ordre du jour, ou sur la communication des décisions de l'autorité compétente.

CHAPITRE 3. *Situations et mutations journalières.*

La situation est établie chaque matin d'après les mutations survenues pendant la journée précédente.

Les mutations sont inscrites nominativement.

CHAPITRE 4. *Contrôle annuel des officiers.*

Les officiers sont inscrits par ordre de grade et de classe.

Il est affecté à chaque grade ou classe un nombre de cases *triple* de celui qui forme le complet de ce grade ou de cette classe

Les mutations s'inscrivent *jour par jour.* Leur rédaction doit relater soigneusement les dates, ainsi que les causes d'absence, de départ définitif ou de mort ; le lieu de destination, en cas de mission, de congé ou d'entrée à l'hôpital, et celui de décès.

L'officier qui cesse de compter à l'effectif est rayé de la case qu'l occupait.

Celui qui obtient de l'avancement sans changer de compagnie, d'escadron ou de batterie, est aussi rayé ; mais il est reporté dans la case que lui assigne son nouveau grade et sa nouvelle classe.

CHAPITRE 5. *Contrôle annuel des hommes de troupe et comptes-courans de leur masse individuelle.*

Les hommes de troupe sont inscrits par ordre de grade et de classe, et dans chaque grade ou classe, par rang d'ancienneté, sous les mêmes numéros qu'au contrôle tenu par le major Dans la compagnie ou le peloton *hors rang*, ils sont placés dans le même ordre qu'aux tableaux annexés aux ordonnances d'organisation.

Les 2e, 3e, 4e et 5e paragraphes du chapitre 4 sont communs aux hommes de troupe. Le dernier est en outre applicable aux sous-officiers, caporaux ou brigadiers qui perdent leur grade, et aux soldats de la première classe qui descendant à la seconde.

L'inscription *aux comptes-courans* des recettes et dépenses de la masse individuelle se fait d'après les principes développés au chapitre 2 du titre 10 de l'ordonnance du 10 mai 1844, et aux époques indiquées ci-après, savoir :

RECETTES.

Première mise ou supplément de première mise.	Au moment de l'incorporation des hommes ou de la mutation qui leur donne droit à un supplément.
Produit de la prime journalière.	Le premier jour de chaque trimestre, pour toutes les journées acquises pendant le trimestre précédent, et, en ce qui regarde les hommes rayés du contrôle ou entrant dans une position d'absence, au moment où la mutation est portée au contrôle annuel (sauf, s'il y a lieu, à rectifier ultérieurement les inscriptions d'après la feuille de compte de la masse.)
Versemens faits par les hommes.	Au moment où ils s'effectuent entre les mains du capitaire.

Avoir à la masse des hommes venus d'autres corps, ou d'autres compagnies, escadrons, batteries ou détachemens de corps.

Avoir à la masse des hommes rentrés après radiation des contrôles du corps.

Premier avoir à la masse des remplaçans.

> À l'époque de l'inscription des hommes au contrôle annuel.

Valeur des effets de petit équipement qui ont été détruits comme ayant servi à des chevaux atteints de maladie contagieuse.

> Aussitôt que le décompte établi par le capitaine, pour servir au remboursement, a été vérifié par le major.

DÉPENSES.

Excédant du complet réglementaire de la masse des hommes *présens*.

Avoir à la masse des hommes *présens* qui quittent le service ou qui sont promus adjudans ou sous-lieutenans.

> Au moment où le paiement est fait aux hommes.

Débet à la masse des hommes venus d'autres corps ou d'autres compagnies, escadrons, batteries ou détachemens de corps.

Ancien débet à la masse des hommes rentrés après radiation des contrôles du corps.

> À l'époque de l'inscription des hommes au contrôle annuel.

Prix des effets de petit équipement fournis aux hommes par le magasin du corps.

> Au moment où les effets sont remis aux hommes.

Montant des mandats délivrés aux hommes voyageant isolément pour avances en argent ou fourniture d'effets de petit équipement.

> Au moment où le capitaine connaît l'inscription faite sur la feuille de route, ou reçoit communication du mandat.

Prix des réparations d'effets ou armes laissées au compte des hommes.

> Au moment où le capitaine signe le bulletin de réparations.

Montant des pertes et dégradations d'effets de casernement, de campement ou d'hôpital, et des dégradations dans les bâtimens de l'État ou chez l'habitant, mise à la charge des hommes.

> Dès que l'état de réparations dressé par l'officier de casernement a été communiqué au capitaine, ou, en cas de départ du débiteur, au moment de la mutation, et sur note appréciative approuvée par le major.

Moins-value des effets et armes perdues mises hors de service.

> Lorsque la notification est faite au capitaine, de l'approbation donnée par le sous-intendant militaire au bulletin d'imputation.

Les *comptes-courans* de la masse individuelle de tous les hommes qui figurent au contrôle annuel sont réglés et signés par le capitaine à la date du premier jour de chaque trimestre, sauf le cas où il n'y aurait eu ni recette ni dépense pendant le trimestre précédent, et lorsqu'ils entrent dans une position d'absence ou qu'ils cessent d'appartenir à la compagnie, à l'escadron ou à la batterie.

Les hommes présens signent le règlement de leur compte. L'officier de section signe pour ceux d'entre eux qui ne peuvent remplir cette formalité et pour les absens.

Si après le règlement de compte il y a lieu de le rectifier, ce compte est arrêté de nouveau *en toutes lettres*, en signé ainsi qu'il est prescrit dans les paragraphes qui précèdent.

CHAPITRE 7. *Contrôle annuel des chevaux de troupe.*

Les chevaux formant l'effectif à l'époque de l'établissement ou du renouvellement du contrôle annuel, sont inscrits dans l'ordre des numéros du registre matricule. Les autres le sont à la date de leur arrivée, ils prennent tous les mêmes numéros qu'aux contrôles tenus par le major.

Les chevaux de selle sont placés avant les chevaux ou mulets de trait ou de bât.

Il est affecté aux uns et aux autres distinctement, un nombre de cases *double* de celui qui forme le complet d'organisation. Les 4e et 5e paragraphes du chapitre 6 sont communs aux chevaux de troupe.

CHAPITRE 8. *Solde de la troupe et rations diverses perçues.*

Les prestations en deniers et en nature sont inscrites au fur et à mesure des prescriptions, et totalisées par trimestre.

Dès que le sous-intendant militaire a vérifié la feuille de journées des hommes et celle des chevaux, le montant des allocations est balancé avec celui des perceptions, pour faire ressortir les trop perçus ou les moins perçus.

CHAPITRE 9. *Liste des travailleurs.*

Les sommes retenues aux travailleurs et celles attribuées aux hommes qui les remplacent dans leur service, et qui doivent être remises au capitaine, lorsque leur masse est incomplète (article 815) sont inscrites au fur et à mesure que cet officier les reçoit.

CHAPITRE 10. *Compte ouvert avec le magasin d'habillement pour les effets de la première catégorie et les galons.*

CHAPITRE 11. *Compte ouvert avec le magasin d'habillement pour les effets de la deuxième catégorie et les armes.*

CHAPITRE 12. *Compte ouvert avec le magasin d'habillement pour les effets de harnachement.*

Les distributions effectuées par le magasin d'habillement et les réintégrations qui s'y font, sont inscrites par ordre de date, d'après les quantités relatées aux bons, bulletins de versement ou procès-verbaux de réforme. Les unes et les autres sont totalisées par trimestre.

Les effets à l'usage particulier du *tambour-major*, des *caporaux tambours* et des *sapeurs*, sont portés dans un tableau spécial à la suite du chapitre 2 du livre de détail de la compagnie *hors rang*.

Chapitre 13. *Compte ouvert aux effets de casernement.*

Chapitre 14. *Compte ouvert aux effets de campement.*

Les réceptions et réintégrations s'inscrivent par ordre de date. Elles sout balancées à l'expiration de chaque trimestre, et lorsque tous les effets de casernement ou de campement, en service, sont rendus au garde du génie, au préposé des lits militaires, ou à l'officier d'administration comptable.

Chapitre 15. *Enregistrement des bons d'effets de petit équipement reçus du magasin d'habillement.*

Les bons s'inscrivent successivement, par ordre de date, par nature d'effets, avec indication de leur valeur; ils sont additionnés le premier jour de chaque trimestre; leur montant doit être égal à celui de la colonne de la feuille de décompte de la masse individuelle, où est portée la valeur des effets de petit équipement distribués pendant le trimestre précédent.

Chapitre 16. *Enregistrement sommaire des bordereaux ou relevés, et des états de réparations, dégrations et autres remboursemens mis au compte des hommes.*

L'inscription du montant des réparations exécutées aux effets et aux armes, se fait à l'époque de la totalisation du bordereau d'enregistrement ou du relevé des bulletins délivrés pendant le trimestre, et celles des autres imputations à faire sur la masse individuelle, lorsque les états de répartition sont communiqués au capitaine.

Chapitre 17. *Situation générale des masses individuelles après l'arrêté des comptes de chaque trimestre.*

La situation des masses est relevée sur les feuilles de décompte trimestriel; elle présente le nombre de masses au complet, au-dessous du complet et en débet; elle indique aussi leur taux moyen.

Chapitre 18. *Table des numéros d'ordre empreints sur les effets de la 2e catégorie, sur les armes, et sur les effets de harnachement, indiquant le numéro matricule des hommes qui en sont détenteurs, ou des chevaux auxquels ils sont affectés.*

Les numéros des effets et armes en service au jour de l'établisse ment ou du renouvellement des tables, sont inscrits dans leur ordre progressif ; les autres le sont au fur et à mesure des remplacemens ou distributions.

Dans les corps qui ne comportent pas l'emploi de tous les chapitres du livre de détail, chacun de ceux qui sont à leur usage conserve néanmoins le numéro qui lui est affecté par le présent article.

Les chapitres 10, 11, 12, 15 et 18, ne font pas partie du livre de détail des corps organisés sous le titre de compagnie.

Le livre de détail est renouvelé le 1er janvier de chaque année. Celui de l'année précédente est déposé aux archives, après la vérification de la feuille de journes et de la feuille de décompte de la masse individuelle du quatrième trimestre.

DU LIVRET DES HOMMES DE TROUPE.

331. D. Quel est l'objet du livret des hommes de troupe ?

R. Chaque homme de troupe reçoit, à son arrivée au corps, un livret, qui est signé par le major, et sur lequel les renseignemens qui constatent son état civil, son signalement et le titre sous lequel il a été incorporé, ont été exactement transcrits d'après la matricule de la compagnie, de l'escadron et de la batterie.

Tous les autres renseignemens que présente cette matricule sont transcrits sur le livret ; il contient aussi la nomenclature réglementaire des effets de petit équipement et de petite monture ; l'inscription de recettes et dépenses de la masse individuelle ; et, enfin, les dispositions de lois ou de règlements dont le soldat doit avoir incessamment le texte sous les yeux.

Dans les corps de troupe à cheval, le livret reçoit en outre, par extrait du chapitre 7 du livre de détail, l'inscription du nom, du numéro de matricule et du signalement du cheval affecté au cavalier, avec celle des numéros et millésimes empreints sur les effets de harnachement dont il est détenteur.

L'homme qui passe d'un corps à un autre y reçoit à son arrivée un nouveau livret.

Le livret est la propriété du militaire auquel il est délivré. Il ne peut lui être retiré sous aucun prétexte, même lorsqu'il lui en est donné un nouveau ou qu'il quitte le service.

Les effets et armes qui sont distribués aux hommes, et les articles de recette ou de dépense de leur masse, sont inscrits en leur présence au livret.

Le capitaine *arrête* et *signe* sur les livrets des hommes présens les comptes-courans de leur masse individuelle, aux époques et dans les circonstances prescrites par l'article 790 pour le règlement de ces comptes sur le livre de détail.

DEUXIÈME LEÇON.

Du paiement de la solde et des accessoires de solde.

332. **D.** Comment est payée la solde de la troupe?

R. La solde et les accessoires de solde des hommes de troupe sont payables à titre de *prêt*, par le trésorier, entre les mains du capitaine, les 1er, 6, 11, 16, 21 et 26 du mois, pour le nombre de jours formant l'intervalle de chacune de ces dates à la suivante exclusivement.

333. **D.** Entre les mains de qui le prêt est-il payé ?

R. Le capitaine perçoit le prêt *d'avance*, sur le pied de paix, et *à terme échu* lorsque les vivres de campagne sont fournis et que la troupe ne fait pas ordinaire, sur une *feuille de prêt* portant décompte, certifiée et quittancée par lui, et que le trésorier vérifie avant d'en payer le montant.

Le montant de la feuille de prêt peut être payé au sergent-major ou au maréchal-des-logis-chef, sur la présentation de cette feuille revêtue de l'acquit du capitaine.

Le sergent-major ou le maréchal-des-logis-chef, remet sur-le-champ à son capitaine la somme qu'il a touchée chez le trésorier.

334. **D.** Quelle est la responsabilité des personnes autorisées à toucher le prêt de la troupe?

R. La disposition de l'article 326, qui rend le capitaine responsable des sommes payées sur des quittances, est applicable au cas où il fait recevoir le prêt par le sergent-major ou maréchal-des-logis-chef, à moins de circonstances extraordinaires, dont l'appréciation appartient au ministre.

335. **D.** Comment sont établies les feuilles de prêt ?

R. Les hommes sont portés sur la feuille de prêt par la désignation de leur grade et de leur nombre dans chaque grade. Le décompte s'établit sur l'effectif des présens au jour de la perception même, lorsque le prêt est payable *d'avance*, et sur celui des présens au jour de la dernière perception, s'il est payable *à terme échu*.

Les mutations survenues dans l'intervalle d'un paiement à l'autre sont inscrites sur la feuille de prêt, nominativement autant que possible, avec les augmentations et diminutions auxquelles elles donnent lieu, sauf l'exception mentionnée au paragraphe suivant, et le capitaine consigne, à la fin de cette feuille, les renseignemens propres à justifier et éclairer les rappels ou déductions dont l'explication n'aurait pas trouvé place dans l'espace affecté aux décomptes et aux mutations.

La feuille établie le 1er jour du trimestre ne doit point rapporter les mutations applicables au temps écoulé depuis le dernier prêt. Elles sont l'objet d'une feuille supplémentaire portant décompte, lorsqu'elles donnent droit à un rappel. Si la compagnie l'escadron ou la batterie passe du pied de paix au pied dé guerre, et *vice versa*, la feuille de prêt n'embrasse que le nombre de jours qui précédent la date à laquelle s'opère cette transition ; il en est fait une spéciale pour les journées postérieures.

Lorsque dans l'intervalle des époques assignées par l'article 332 un certain nombre d'hommes sont incorporés simultanément, et que le commandant de la compagnie, de l'escadron ou de la batterie qui les reçoit réclame la somme nécessaire pour leur faire le prêt jusqu'à la fin de la période commencée, cette somme lui est payée sur une feuille spéciale.

336. *D.* Comment s'opère la distribution du prêt?

R. La distribution du prêt est faite aux hommes et aux chefs d'ordinaire, d'après le mode, dans les proportions et aux époques déterminées par le règlement sur le *service intérieur*.

337. *D.* Comment se régularisent les feuilles de prêt ?

R. Dès que les feuilles de journées ont été vérifiées par le sous-intendant militaire, le capitaine dresse *un état comparatif* des sommes qu'il a perçues pour *prêt* pendant le trimestre et de celles dont ces feuilles constatent l'allocation au profit de la compagnie, à titre de solde et accessoires de solde de la troupe. Cet état est remis au trésorier qui, après s'être assuré de son exactitude, le *certifie* conjointement avec le capitaine. La somme perçue en trop est versée par le capitaine dans la caisse du trésorier. S'il ressort un moins perçu, le montant en est remis au capitaine.

338. *D.* Comment la solde est-elle payée aux détachemens?

R. Lorsque les détachemens qui se trouvent dans le ressort du conseil sont trop éloignés du lieu où il siége pour que les parties prenantes puissent venir en personne recevoir leur traitement ou percevoir le prêt chez le trésorier, les fonds nécessaires sont remis par ce comptable, soit aux officiers que les commandans des détachemens ont envoyés pour venir les recevoir, soit à ceux que le président a désignés pour aller les porter. Dans l'un ou l'autre cas, les dépositaires de ces fonds en donnent un reçu au bas du titre constatant leur mission. Ce titre leur est rendu en échange des quittances des parties prenantes.

TROISIÈME LEÇON.

De la masse individuelle.

339. *D.* Quel est l'objet de la masse individuelle ?

R. La masse individuelle est destinée à pourvoir et à entretenir les hommes de troupe de tous grades, des effets de linge et chaussure, de pansage et autres quelconques, compris sous la dénomination générique *d'effets de petit équipement*, dans les nomenclatures annexées au règlement général sur le service de l'habillement.

L'objet de cette masse, en ce qui concerne les maîtres-ouvriers, est de leur fournir les moyens de se procurer, de faire réparer, et de renouveler les effets d'habillement, de coiffure, de grand et de petit équipement dont le règlement précité laisse la première mise et le remplacement à leur charge.

Des allocations spéciales sont faites dans le même but aux adjudans, aides ou sous-aides vétérinaires, qui les perçoivent avec la solde.

340. **D.** Comment se composent les recettes et les dépenses de la masse individuelle?

R. Les recettes et dépenses de la masse individuelle se composent des articles suivans, savoir :

RECETTES.

1° Sommes perçues pour premières mises et primes journalières;

2° Versemens faits par les capitaines, des sommes qu'ils ont reçues des hommes;

3° Versemens faits par les remplacés au corps;

4° Versemens faits par d'autres corps, de l'avoir des hommes qui en sont venus, ou remboursement du débet de ceux qui y sont passés;

5° Versemens faits par la masse d'entretien du harnachement, et par la masse générale d'entretien.

DÉPENSES

1° Achat des effets de petit équipement;

2° Paiemens faits entre les mains du capitaine, des sommes revenant aux hommes;

3° Versemens faits à d'autres corps, de l'avoir des hommes qui sont passés, ou remboursement du débet de ceux qui en sont venus;

4° Versemens faits à la caisse des dépôts et consignations pour le compte des héritiers des hommes décédés;

5° Versemens ou paiemens faits au trésor, ou à des tiers, du montant des versemens effectués sur les fonds *de l'indemnité de route* et des pertes, dégradations, réparations et autres imputations à la charge des hommes;

6° Versemens faits à la masse générale d'entretien;

7° Envois de l'avoir à la masse des hommes en congé illimité ou qui ont quitté le service étant absens du corps.

341. **D.** La masse individuelle peut-elle s'augmenter par des moyens autres que ceux désignés ci-dessus?

R. Les hommes dont la masse est au-dessous du complet réglementaire peuvent en augmenter *l'avoir* jusqu'à concurrence du com-

plet, au moyen de versemens qu'ils font entre les mains de leur capitaine.

Les travailleurs et les hommes qui les remplacent dans leur service
remettent à leur capitaine la moitié du salaire qu'ils touchent respectivement, jusqu'à ce que leur masse ait atteint le complet.

Les sommes que les capitaines ont reçues pour augmenter l'avoir
des masses sont versées par eux, à la fin de chaque mois, dans la
caisse du trésorier.

Le militaire remplacé au corps par un homme qui y est étranger,
est tenu de verser, au compte de son remplaçant, une somme égale
au complet réglementaire de la masse; et, de plus, le montant de la
première mise de petit équipement fixée pour l'arme.

Si la masse du remplacé est obérée, il doit, en outre, rembourser
au corps pour le montant de son débet.

342. *D*. Comment est remboursée la valeur des objets de petit
équipement qui ont servi au pansage des chevaux atteints de maladie
contagieuse?

R. La valeur des objets de petit équipement qui ont été détruit
comme ayant servi au pansage de chevaux atteints de maladies contagieuses, est remboursée à la masse individuelle par la masse d'entretien du harnachement au prix d'achat, si les effets ont été distribués
dans le trimestre, et sur le pied des deux tiers de ce prix, si leur distribution est plus ancienne.

Pour l'exécution du présent article, le capitaine établit, chaque fois
que le cas se présente, un décompte qui, après avoir été certifié par
lui conjointement avec l'officier d'habillement, et vérifié par le major,
est remis au trésorier pour servir de base au versement à opérer
d'une masse à l'autre.

343. *D*. Comment sont constatés les excédans de masse individuelle et comment sont-ils payés ?

R. L'excédant du complet réglementaire de la masse, constaté par
la feuille de décompte établie par le capitaine, est payé intégralement,
aussitôt qu'elle a été vérifiée par le major, aux compagnies, escadrons
ou batteries, pour les hommes qui sont alors *présens*, quelles que
soient les imputations dont ils peuvent être devenus passibles depuis
le 1er jour du trimestre.

Dans les compagnies de discipline, le capitaine ne paie les excédans
de masse qu'aux époques et dans les proportions réglées, individuellement ou collectivement, sur sa proposition, par le lieutenant-général
commandant la division.

Les hommes qui quittent le corps par congé *illimité* reçoivent, au
moment de leur départ, l'excédant qui leur est acquis suivant l'arrêté
de compte de leur masse.

Le montant des excédans est remis par le trésorier aux capitaines
sur *états nominatifs* certifiés et quittancés par eux, et vérifiés par
le major.

344. *D*. Comment est régularisé l'avoir des hommes qui quittent le corps ou changent de position ?

R. Dès qu'un homme présent ou absent, passe à un autre corps ou quitte le service, le capitaine remet au trésorier un *extrait* du livre de détail, constatant la situation de la masse de cet homme. L'extrait est visé par le major après vérification.

La présente disposition est applicable aux sous-officiers qui sont promus adjudans ou sous-lieutenans.

Tous les hommes rayés simultanément du contrôle sont compris sur le même extrait.

L'avoir à la masse des hommes *présens* qui quittent le service, ou qui sont promus adjudans ou sous-lieutenans, est payé aux premiers à l'époque de leur radiation des contrôles du corps, et aux autres lors de leur promotion.

La somme qui leur revient est, à cet effet, remise au capitaine qui en donne quittance au bas de l'extrait du livre de détail.

L'avoir à la masse des hommes mis en congé illimité (déduction faite de l'excédant s'ils sont présens), et des hommes qui sont absens du corps lorsqu'ils quittent le service, est envoyé aux premiers à l'époque de leur libération, et aux autres immédiatement après leur radiation des contrôles, lorsque le conseil, d'après les mandats qui ont dû lui être adressés ou d'après d'autres documens authentiques, a pu vérifier s'il ne leur a point été fait d'avance en argent ou en effets de petit équipement, depuis leur départ. A défaut de preuve ou d'avis officiel à cet égard, la certitude qu'ils n'ont reçu aucune avance est réputée acquise six mois après la date du congé illimité ou de la radiation.

Le montant des imputations dont ces hommes sont devenus passibles, depuis leur départ du corps, est porté en dépense dans la feuille de décompte spécial.

Si l'imputation à faire sur la masse de l'homme excède son *avoir*, la différence est versée à la masse individuelle par la masse générale d'entretien et portée en recette sur la feuille de décompte.

Cette dernière disposition est applicable au cas où l'homme dont la masse était en débet à l'époque de sa radiation des contrôles, reçoit après sa radiation un paiement ou une fourniture d'avance.

L'avoir à la masse des hommes définitivement libérés du service, qui décèdent avant qu'il leur ait été payé, est acquis à leurs héritiers ou ayant-droit, et versé (après les justifications et sous les réserves spécifiées ci-dessus) entre les mains des receveurs des finances ou des payeurs d'armée, *au titre de la caisse des dépôts et consignations*, qui en demeure comptable.

345. *D*. Comment sont payées les dégradations d'effets ou armes ?

R. Le prix des réparations des effets ou armes dont la dégradation provient de la faute des hommes, est imputé sur la masse individuelle, et payé aux ouvriers.

346. **D.** Comment est payé le montant des pertes et dégrations q'effets de casernement etc, ?

R. Le montant des pertes et dégradations d'effets de casernement, de campement ou d'hôpital, et des dégradations dans les bâtimens de l'Etat ou chez l'habitant, imputable aux hommes de troupe, est payé aux ayant-droit ou versé au trésor, selon le cas au moyen d'un prélèvement sur les fonds de la masse individuelle.

Les retenues à opérer pour couvrir les fonds de la somme dont il a fait l'avance, s'effectuent par l'inscription de la part contributive de chaque homme à son compte-courant, d'après l'état que l'officier chargé du casernement a dressé pour en régler la répartition entre les compagnies, escadrons ou batteries, et qui est communiqué aux capitaines après avoir été revêtu du visa du major.

Lorsque les pertes ou dégradations ont été commises par des hommes qui entrent dans une position d'absence ou qui cessent d'appartenir à la compagnie, l'officier de casernement ou, à son défaut, le capitaine, en dresse lui-même une note appréciative, qui, après avoir été revêtue de l'approbation du major, sert de base aux inscriptions à faire aux comptes courans des débiteurs.

347. **D.** Comment est remboursée la valeur intégrale des armes perdues et la moins-value des effets ?

R. Le prix intégral des armes et la moins-value des effets et des instrumens de musique, qui sont perdus, ou qui sont reconnus hors de service par la faute des hommes, sont imputés sur leur masse individuelle. Le montant de la perte ou de la moins-value est contasté par un *bulletin* établi par le capitaine, certifié par lui et par l'officier d'habillement, revêtu de l'avis du conseil sur la justice de l'imputation, et approuvé par le sous-intendant militaire.

Ces dispositions sont communes aux effets que les hommes venant d'un autre corps ne peuvent représenter à leur arrivée, ou qui sont reconnus hors de service, bien qu'ils n'aient pas accompli leur durée réglementaire.

348. **D.** Que devient l'avoir à la masse des hommes désertés, disparus ou prisonniers de guerre et de ceux qui sont morts soit dans une position de présence ou d'absence, soit dans la réserve ?

R. Il est versé à la masse générale d'entretien.

349. **D.** Qui rembourse à la masse individuelle le débet des hommes mis en congé illimité, désertés, disparus, prisonniers de guerre, réformés, libérés, retraités ou morts ?

R. La masse générale d'entretien.

350. **D.** Comment opère-t-on dans le cas de réintégration de ces hommes sur les contrôles ?

R. La masse qui a reçu le versement en rembourse le montant à celle qui l'avait affectué.

Toutefois si l'homme réintégré reçoit une première mise, la masse générale d'entretien ne verse à la masse individuelle que la portion de l'ancien avoir excédant cette première mise.

351. _D._ Comment et par qui sont établies les feuilles de décompte?

_R._ Dès que le trésorier a clos la feuille de journées, toutes les recettes et dépenses inscrites aux comptes courans, pendant le trimestre qu'elles concernent, sont résumées par le capitaine dans une _feuille de décompte_ présentant _l'avoir_ ou le _débet_ de chaque homme au premier jour du trimestre suivant, ou au jour de sa radiation des contrôles. Les recettes pour primes journalières et premières mises sont portées à la feuille de décompte d'après les allocations constatées par la feuille de journées, que le trésorier communique à cet effet au capitaine, avant la vérification du sous-intendant militaire.

Le capitaine _certifie_ la feuille de décompte et la remet au trésorier. Ce comptable, après avoir réuni celles des compagnies, du corps, les _vérifie_, d'abord sous le rapport des suppulations, ensuite par la comparaison des unes avec les autres pour les articles correspondans, et enfin par les inscriptions faites au registre-journal.

Les hommes absens lors de leur libération et dont l'avoir à la masse n'a point encore été soldé au dernier jour du trimestre sont portés sous la feuille d'escompte des hommes en congé illimité établie par le trésorier.

Aucune imputation autre que celles qui sont spécifiées au présent règlement ne peut être faite aux hommes sur leur masse individuelle qu'en vertu d'une décision du ministre.

QUATRIÈME LEÇON.

Des distributions d'effets de petit équipement.

344. _D._ Comment sont délivrés les effets de petit équipement?

Les effets de petit équipement sont délivrés par l'officier d'habillement, sur la présentation de bons nominatifs, conformes au modèle n° 39 annexé à l'ordonnance du 10 mai 1844.

La distribution des effets de petit équipement reçus du magasin est faite, dans l'intérieur des compagnies, escadrons ou batteries, par le sergent-major ou le maréchal-des-logis-chef, en présence du capitaine.

Tout homme de troupe doit, à dater du jour de son immatriculation, être constamment pourvu des effets de petit équipement compris dans la nomenclature de l'arme à laquelle il appartient, et détaillés dans son livret.

Si les jeunes soldats, les engagés volontaires ou les remplaçans sont munis à leur arrivée d'effets de même nature qui soient en bon état, il ne leur en est fourni d'autres par le magasin du corps que lorsque les premiers sont hors de service.

CINQUIÈME LEÇON.

Des réparations au compte des masses individuelles.

SECTION 1. — Réparations des effets.

345. D. Comment s'effectuent les réparations d'effets?

Les réparations d'effets de toute nature dont la dépense est imputable sur la masse individuelle sont faites sous l'approbation du sous-intendant militaire, soit d'après le tarif ou d'après des marchés passés par le conseil, qui déterminent l'espèce et le prix de chaque réparation, soit à prix *débattu* entre les capitaines et les ouvriers. Le choix entre ces deux modes appartient au conseil d'administration, et ce n'est qu'avec son assentiment que, dans le dernier cas, les capitaines peuvent avoir recours aux ouvriers du corps.

Les réparations sont représentées d'après des *bulletins* nominatifs délivrés par les commandans de compagnie, d'escadron ou de batterie, aussitôt que les dégradations sont connues et appréciées par eux.

Chaque bulletin désigne le maître-ouvrier ou l'ouvrier civil qui doit exécuter la réparation, et contient, outre les noms des détenteurs des effets, l'indication sommaire et le prix de l'ouvrage à faire.

Les bulletins pour les réparations sont inscrits par les capitaines, au fur et à mesure qu'ils les délivrent, *sur un bordereau d'enregistrement journalier,* pour celles à exécuter par les ouvriers du corps au prix du tarif ou par voie de marché, et pour celles qui sont faites à prix débattu par les ouvriers civils; les prix alloués aux maîtres-ouvriers sont relatés distinctement pour chaque objet et par nature de réparations.

Ces bordereaux sont totalisés à la fin de chaque trimestre après que les capitaines se sont assurés de l'exécution des réparations; ils les certifient, et les font parvenir immédiatement à l'officier d'habillement.

Lorsque les réparations s'opèrent *à prix débattu* et qu'un ouvrier réclame le prix de son travail au moment où il rapporte l'effet réparé, le capitaine soumet le bulletin au major, qui y appose son autorisation d'acquittement. Ce bulletin est ensuite remis à l'ouvrier, qui en touche le montant sur son acquit.

SECTION 2. — Réparation des armes.

346. D. Comment s'effectuent les réparations des armes?

Les réparations d'armes, dont la dépense est mise à la charge de la masse individuelle, sont exécutées par les ouvriers qui entretiennent l'armement du corps, ou par les établissemens de l'artillerie.

Les imputations à faire aux hommes sont effectuées aux prix des tarifs arrêtés par le ministre pour les réparations d'armes, au compte de la masse individuelle.

Les dispositions de l'article 345 sont communes aux réparations d'armes.

Il n'est pas établi de bulletins pour les réparations qui doivent être faites dans les établissemens de l'artillerie. Elles sont constatées, dans chaque compagnie, escadron ou batterie, par le capitaine et l'officier d'habillement, ou l'officier chargé des détails de l'armement, assisté de l'armurier ; les résultats de cette opération sont consignés dans un *état* qu'ils certifient. Cet état désigne nominativement les hommes qui ont commis les dégradations, et ils indiquent les imputations dont ils sont passibles.

Lorsque les prix auxquels les corps ont traité pour les réparations excédent les fixations des tarifs, la différence reste à la charge des fonds *d'entretien des armes*.

Le montant des réparations qui peuvent être immédiatement effectuées, et qui sont supportées par la masse individuelle des militaires libérés ou envoyés en congé pour attendre leur libération, est versé aux *fonds divers* d'après le bon du capitaine approuvé par le major.

La valeur des bois de monture des armes à feu dont le remplacement est suspendu, est également versée aux fonds divers

---

SIXIÈME LEÇON.

Dispositions spéciales au service d'habillement.

347. **D.** Comment sont distribués les galons de grades.

R. Les galons de grades et de chevrons à distribuer par suite de promotions ou de mutations sont remis aux capitaines, qui les font poser par le tailleur du corps ou de la portion du corps, sur les vêtemens des militaires auxquels ils sont distribués.

348. **D.** Comment sont classés les effets d'habillement?

R. Les effets d'habillement, de coiffure et de grand équipement, sont classés sous les titres de *première* et de *deuxième catégorie*.

La durée réglementaire des effets de la première catégorie est supputée par *trimestre*. depuis et y compris celui où la distribution en est faite par le magasin d'habillement.

Lorsque les effets rentrent au magasin avant d'avoir accompli leur durée réglementaire, elle est suspendue à compter du trimestre qui suit celui de la réintégration. Elle n'est pas suspendue pour les effets déposés en magasin par les hommes entrant dans une position d'absence.

La durée des effets de la deuxième catégorie, de ceux de harnachement, des armes et des instrumens de musique, est supputée par année et n'est pas suspendue par suite des réintégrations au magasin.

349. **D**. Comment sont distribués les effets?

R. Les effets de la première catégorie sont remplacés au terme de leur durée réglementaire.

Les effets de la deuxième catégorie, ceux de harnachement, les armes et les instrumens de musique, ne sont remplacés qu'après avoir atteint le terme de la durée réglementaire, et seulement lorsqu'ils ont été réformés.

Le remplacement des effets, des armes et des instrumens de musique, perdus ou mis hors de service, s'opère dès que le fait a été dûment constaté.

Les hommes nouvellement immatriculés sont habillés et équipés dès leur arrivée au corps.

Les effets en cours de durée sont distribués aux jeunes soldats et aux enrôlés volontaires, et aux hommes venant d'autres corps ou de la réserve.

Les hommes qui sont présumés devoir être renvoyés dans leurs foyers ou réformés, à la première revue trimestrielle, ne reçoivent que les effets qui leur sont rigoureusement nécessaires, et qui sont pris parmi ceux en cours de durée, ou même dont la durée est accomplie.

Les anciens soldats reçoivent, autant que possible, des effets neufs à titre de remplacement.

Aucun remplacement n'a lieu dans le trimestre qui précède celui de la libération. Les hommes qui sont désignés ou proposés pour quitter le corps avant l'époque de la libération, soit par congé illimité, soit par toute autre cause emportant radiation des contrôles annuels, ne reçoivent pas d'effets de remplacement à partir de l'époque de la notification de l'ordre d'après lequel doit s'opérer cette radiation.

Ces dispositions ne sont applicables, ni aux militaires en instance pour obtenir la pension de retraite, ni à ceux qui doivent être libérés aux armées.

Les effets à l'uniforme du corps, apportés par les hommes rappelés de la réserve, ne sont remplacés qu'à l'expiration de leur durée réglementaire, à moins que le sous-intendant militaire, après avoir procédé à leur examen, concurremment avec le conseil d'administration, n'en approuve le remplacement anticipé.

La distribution des effets de la première catégorie date toujours du trimestre pendant lequel elle est faite par l'officier d'habillement, alors même qu'elle n'a lieu que postérieurement aux époques déterminées, soit que les hommes à qui les effets revenaient à ces époques aient alors été absens, malades ou détenus, soit que la situation des magasins n'ait point permis de les leur délivrer.

350. **D**. Comment sont habillés les hommes.

R. Les effets sont essayés aux hommes dans le magasin, au moment de leur distribution et en présence du commandant de la compagnie, de l'escadron ou de la batterie. En cas de contestation entre ces officiers et l'officier d'habillement, le major prononce.

351. **D.** Peut-on changer les effets reçus du magasin?

R. Les effets d'habillement, de coiffure et de grand équipement délivrés par le magasin d'habillement, ne peuvent y être échangés qu'en vertu des ordres du commandant du corps ou de la portion de corps.

352. **D.** Comment sont marqués les effets d'habillement?

R. Les effets de la première catégorie sont marqués, au magasin d'habillement, du numéro du trimestre et de l'année de leur distribution, au moment où ils sont délivrés; le numéro matricule de l'homme qui les reçoit est appliqué, dans les compagnies, escadrons ou batteries, par les soins des capitaines.

Ceux qui rentrent en magasin, après avoir déjà fait une partie de leur durée, reçoivent, en outre, au-dessous de ce numéro, le timbre de trimestre, de leur réintégration en magasin avec la lettre R (*réintégré*). Lorsqu'ils sont remis en service, l'officier d'habillement fait ajouter au timbre de la nouvelle distribution le chiffre indicatif du nombre de trimestres de durée restant à parcourir, et il le fait inscrire sur les bons, au moment de la distribution.

Les effets de la 2e catégorie, les effets de harnachement et les instrumens de musique, sont marqués du millésime de l'année de leur première mise en service et d'un numéro de série qui y est apposé au moment de leur réception au magasin d'habillement.

Il y a une série distincte pour chaque sorte d'effets.

Les armes ne sont marquées que d'un numéro de série.

Les effets, armes et instrumens, qui remplacent ceux qui ont été classés hors de service, prennent les numéros laissés vacans dans chacune des séries auxquelles ils appartiennent respectivement.

353. **D.** Que deviennent les effets remplacés?

R. Les effets de la 1re et de la 2e catégories, ceux de harnachement, les armes et les instrumens de musique, *remplacés* ou *réformés*, et les effets des hommes venant d'un autre corps, qui ne peuvent servir pour la grande ni pour la petite tenue, sont *classés hors de service*.

Tous les effets et armes, classés hors de service, sont versés au magasin d'habillement et portés en recette au registre des comptes ouverts avec les compagnies, escadrons ou batteries.

Les pantalons seuls restent, à l'expiration de leur durée réglementaire, la propriété des hommes, qui ne peuvent néanmoins en disposer qu'avec l'autorisation de leur capitaine. Cette autorisation ne peut leur être donnée que lorsque le second pantalon (le dernier délivré) a été remplacé.

Les galons d'or ou d'argent apposés sur les effets réformés, soit des sous-officiers, soit des musiciens, sont détachés de ces effets au moment de leur réintégration en magasin; il en est fait deux lots composés, l'un des galons en assez bon état pour être remis en service ; et l'autre, de ceux qui ne peuvent plus être employés. Les galons qui composent le premier lot, et dont il est fait recette au compte des effets en cours de durée, sont affectés à la petite tenue des hommes promus sous-officiers ou nommés musiciens. Les autres dont on fait recette pour leur poids, au compte des effets hors de service, sont livrés aux préposés du domaine.

Les effets de toute nature, hors de service, sont timbrés lors du versement au magasin, des lettres H. S.

354. *D.* Quelles sont les mesures à prendre à l'égard des hommes qui se font remplacer ?

R. Les militaires remplacés par des hommes étrangers au corps versent au Trésor, d'après le tarif arrêté par le ministre, le montant des dépenses qu'occasionnent l'habillement et l'équipement de leurs remplaçans.

355. *D.* Comment établit-on le décompte de la moins-value des effets perdus ou détériorés prématurément ?

R. Le décompte des moins-values, dont le montant doit être versé au Trésor, aux termes de l'article 347, s'établit sur le nombre de trimestres que les effets de la 1re catégorie, et le nombre d'années que les effets de la 2e catégorie, ceux du harnachement et les instrumens de musique, ont encore à parcourir pour atteindre le terme de leur durée réglementaire. Le trimestre courant pour les premiers, et l'année courante pour les autres, sont complés comme durée restant à faire. Ces derniers sont considérés, même après que leur durée réglementaire est accomplie, comme ayant encore une année de service à faire, lorsque la réforme n'en a pas été prononcée. Si les effets dont la moins-value est à la charge de la masse individuelle ne sont pas réintégrés au magasin, le décompte dressé d'après les bases fixées ci-dessus est augmenté d'un trimestre ou d'une année, selon la nature des objets que l'homme n'aura pu représenter, sans que l'imputation puisse néanmoins excéder, en aucun cas, le prix coûtant.

Le remboursement prescrit par le paragraphe qui précède, de la valeur proportionnelle, pour un trimestre ou une année, des effets perdus, est exigé alors même que les effets ont accompli leur durée réglementaire.

Les armes perdues ou mises hors de service par les hommes sont toujours portées, dans le compte, au prix intégral de fabrication.

356. *D.* Quelles sont les mesures à prendre à l'égard des effets appartenant aux hommes qui entrent dans une position d'absence ?

R. Les effets et les armes des hommes entrant dans une position éventuelle d'absence, détachés ou détenus, sont déposés au magasin d'habillement, avec une note qui en présente exactement la désignation, et qui indique la valeur estimative des dégradations qui y sont reconnues. Cette note est datée et certifiée par le commandant de la compagnie, de l'escadron ou de la batterie ; elle est rendue, avec les effets, à l'homme rentrant dans la position de présence ; mais, s'il est rayé des contrôles du corps, elle est conservée par l'officier d'habillement pour être mise à l'appui du bulletin des réparations ou remplacemens laissés au compte de la masse individuelle.

Si les effets et les armes restent en dépôt dans la compagnie, de l'escadron ou de la batterie, le capitaine conserve la note qui, dans ce cas, est visée par le major.

SEPTIÈME LEÇON

Administration et comptabilité des détachemens.

357. *D*. Qu'entendez-vous par détachemens?

R. Un détachement est une réunion de six hommes au moins, commandés par le plus élevé en grade ou par le plus ancien, et qui se séparent de la portion principale du régiment pour un service quelconque.

Autant que possible, les détachemens doivent être formés de fractions constitutives du régiment, telles que bataillons, escadrons, compagnies, sections, demi-sections et escouades, sauf le cas où il y aurait nécessité de les compléter autrement.

358. *D*. Quelles sont les obligations des commandans des détachemens?

R. Tout commandant de détachement est responsable du bon ordre dans les marches, les garnisons ou les cantonnemens. Il est revêtu, quel que soit son grade, de toute l'autorité d'un chef de corps pour le service, la police, la discipline et l'instruction; il se conforme à cet égard aux règles établies au régiment.

Il observe scrupuleusement les instructions qui lui ont été données; si les circonstances l'obligent à s'en écarter, il en rend compte sur-le-champ au colonel.

359. *D*. Comment sont remplacés les chefs de détachemens en cas de mutations?

R. Si, pendant la durée d'un détachement, le commandement en devient vacant, ce commandement appartient à l'officier le plus élevé en grade, et à grade égal au plus ancien.

360. *D*. Quelles sont les ordres qui constituent les détachemens?

R. Le commandant d'un détachement doit être muni d'un ordre de départ, d'une instruction par écrit sur l'objet et le service de son détachement et d'une feuille de route.

Il reçoit du major une instruction détaillée sur la comptabilité qu'il doit tenir, et les états et les pièces qu'il doit fournir conformément aux réglemens d'administration.

361. *D*. Quelles sont les obligations des chefs de détachemens envers le chef du corps?

R. Le chef de détachement adresse au colonel, aux époques qui lui sont prescrites, un rapport détaillé sur le service et la discipline du détachement; il y joint, pour le major, l'état des mutations visé par le sous-intendant militaire. Ces rapports ne le dispensent pas de rendre immédiatement compte au colonel de tout événement important ou imprévu. (Art. 374, 376, 448 et 450 des ordonnances du 2 novembre 1833.)

362. *D.* Par qui sont administrés les détachemens?

R. Les détails de l'administration d'un détachement d'infanterie ou de cavalerie sont confiés à un conseil d'administration éventuel, lorsque le détachement est composé d'un ou de plusieurs bataillons ou de plusieurs escadrons.

Il en est de même des portions de corps d'infanterie, organisées sous le titre de bataillon, et fortes au moins de quatre compagnies.

Dans les portions de régiment d'infanterie et de cavalerie, fortes de moins d'un bataillon, ou qui sont d'un seul escadron;

Dans les compagnies ou batteries d'artillerie ou du génie, du bataillon d'ouvriers d'administration ou du train des équipages militaires, réunies ou non dans la même localité;

Dans toute fraction de compagnie, d'escadron ou de batterie détachée isolément de la portion centrale.

Les détails de l'administration sont confiés à l'officier ou au sous-officier commandant.

Si, d'une portion de corps ayant une administration distincte, il en est formé plusieurs pour être employées sous le commandant de chefs indépendans les uns des autres, chacune d'elles est administrée séparément.

Si, au contraire, plusieurs portions d'un corps administrées chacune séparément viennent à être réunies sous le même commandement, elles ne donnent plus lieu dès-lors qu'à une seule administration.

Dans les cas spécifiés aux deux paragraphes qui précèdent, l'administration est exercée soit par un conseil, soit par l'officier commandant, selon la composition de la portion de corps qui en est l'objet. (Art. 4 de l'ordonnance du 10 mai 1844.)

363. *D.* Quelle est la responsabilité du commandant de détachement?

Les conseils éventuels, ainsi que les commandans de détachemens chargés de l'administration, sont pécuniairement responsables:

1° De l'illégalité des paiemens, consommations ou distributions qu'ils ordonnent ou autorisent;

2° De l'existence des fonds et des matières et effets dont ils constatent la situation dans l'arrêté des registres tenus par les officiers comptables;

3° Des irrégularités ou erreurs signalées par le major et qu'ils auraient omis de faire redresser en temps utile;

4° Du montant des reprises ou retenues qu'ils négligent d'exercer;

5° Des pertes ou déficits de fonds.

Ils sont en outre responsables personnellement du bon état des armes de leur détachement.

364. **D.** Quels sont les registres et pièces dont doivent être porteurs les commandans de détachemens ?

R. Indépendamment des registres indiqués ci-dessus, les chefs de détachemens doivent être pourvus des pièces ci-après; savoir :

Un certificat de cessation de paiement ;

Un livret de solde ;

Un contrôle des officiers, sous-officiers et soldats, ainsi que des chevaux ;

Les feuilles de signalement des sous-officiers et soldats, extraites du registre mobile des compagnies, escadrons ou batteries ;

Un état détaillé des effets d'habillement et de grand équipement, indiquant la situation de la masse de chaque homme, en double expédition, et signé par l'officier d'habillement.

Il doit être remis en outre au commandant du détachement des imprimés de billets d'hôpital, des feuilles de prêt, d'états d'émargement des officiers, des feuilles de journées, des feuilles d'appels, des feuilles de situation de masses individuelles, d'états comparatifs, d'états de mutations, d'états de solde, d'états de réparations faites au compte des hommes et des feuilles de signalement de déserteurs. (Circulaire du 24 janvier 1827.)

365. **D.** Quelles sont les mesures à prendre en ce qui concerne l'habillement lors de la formation du détachement ?

R. Avant le départ du détachement, les effets d'habillement de grand équipement et de linge et chaussure des hommes doivent être mis dans le meilleur état et les livrets des hommes arrêtés.

366. **D.** Quels sont les comptes que les chefs de détachemens doivent au conseil d'administration de leur corps ?

R. Les chefs de détachement doivent au conseil d'administration central, dans les quinze premiers jours de chaque trimestre, pour le trimestre expiré, copie de leur registre de recettes et dépenses, visé par le sous-intendant militaire et pour le quatrième trimestre de l'exercice, une copie du livret de paiement, également visée du sous-intendant militaire.

HUITIÈME LEÇON.

Des déserteurs et de la désertion. — Cas où les militaires sont déclarés déserteurs.

367. **D.** Dans quel cas les militaires incorporés sont-ils déclarés déserteurs ?

R. Pendant la guerre, est réputé déserteur tout sous-officier, caporal ou brigadier et soldat qui aura abandonné son corps sans permission ou qui, ayant obtenu un congé, n'aura pas rejoint à l'expiration dudit congé.

Est réputé avoir abandonné son corps, celui qui, à l'armée ou dans une place de guerre, en sera absent depuis vingt-quatre heures, et en tout autre lieu depuis quarante-huit heures.

Sera réputé n'avoir pas rejoint son corps à l'expiration de son congé, celui qui aura dépassé de huit jours la durée dudit congé.

Pendant la paix, est réputé déserteur tout sous-officier ou soldat qui, ayant plus de six mois de service, aura abandonné son corps depuis trois fois vingt-quatre heures dans un camp ou une place de guerre, et depuis huit jours dans tout autre lieu.

Celui qui, ayant moins de six mois de service, abandonne son corps dans un camp ou une place de guerre, ne sera déclaré déserteur qu'après quinze jours d'absence, et qu'après un mois dans tout autre lieu.

Celui qui aura moins de six mois de service, et qui aura obtenu un congé, ne sera déclaré déserteur qu'après un mois du jour de l'expiration de son congé.

Ne pourront prétendre à jouir des jours de repentir accordés en temps de paix aux individus qui auront moins de six mois de service, ceux dont la désertion n'a pas été individuelle, ceux qui auront déserté étant de service et ceux qui auront emporté leur habit. Ils seront dénoncés comme déserteurs, après le temps fixé pour ceux qui auront plus de six mois de service. (Arrêté du 19 vendémiaire an XII, et Journal militaire, 1er s. 1816, p. 288.)

368. *D.* Dans quelle circonstance les enrôlés volontaires sont-ils déclarés déserteurs?

R. Sont considérés comme déserteurs les enrôlés volontaires qui, ayant contracté l'engagement d'entrer dans l'armée ne se seront pas rendus, dans le délai qui leur aura été assigné, au corps pour lequel ils étaient destinés. (1er s. 1816, p. 293.)

Tout enrôlé volontaire qui aura reçu un ordre de route, et ne sera pas arrivé à sa destination au jour fixé par cet ordre, sera, après un mois de délai, et hors le cas de force majeure, puni comme déserteur. (2e s. 1832, p. 374.)

369. *D.* Quand les remplaçans sont-ils déclarés déserteurs?

R. Les remplaçans qui ne rejoignent pas ou qui désertent après avoir rejoint, doivent être dénoncés par le commandant du corps pour lequel ils étaient destinés, ou dont ils faisaient partie, pour être traduits devant un conseil de guerre. (1er s. 1816, p. 291.)

370. *D.* Quand les jeunes soldats sont-ils déclarés insoumis?

R. Tout jeune soldat qui, sans empêchement légitime, ne se sera pas rendu à sa destination au jour fixé par son ordre ou feuille de route, sera annoté comme prévenu de désertion, et comme tel, signalé déserteur à l'expiration du délai d'un mois fixé par l'article 39 de la loi du 21 mars 1832.

Si le jeune soldat mis en activité a été compris dans un détachement, le délai courra à partir du jour de l'arrivée de ce détachement. (2e s. 1827, p. 432 et 433.)

Signalement de déserteurs.

371. **D.** Quand et comment sont signalés les déserteurs?

R. Tout chef de corps ou de détachement doit signaler à la gendarmerie, dans les vingt-heures, tout militaire qui s'est absenté de son corps sans permission; mais il ne peut être déclaré déserteur, et son signalement ne doit être envoyé au ministre qu'après les délais de grâce accordés par l'article 39 de la loi du 21 mars 1832. (1er s. 1816, p. 294 : 1er s. 1819, p. 416 et 1er s. 1832, p. 174.).

372. L'officier ou sous-officier commandant un détachement de jeunes soldats, doit envoyer au commandant du recrutement, à la gendarmerie et aux autorités locales, le signalement de tout jeune soldat qui abandonne en route le détachement dont il fait partie.

373. En ce qui concerne les enrôlés volontaires, dans les vingt-quatre heures qui suivent l'expiration du délai d'un mois fixé par l'art. 39 de la loi du 21 mars 1832, le chef du corps doit transmettre au sous-intendant militaire du département dans lequel l'engagement a été contracté l'expédition de cet acte avec un bulletin signalétique. (2e s. 1832, p. 374.)

374. Les remplaçans ne sont signalés déserteurs que lorsqu'ils ont abandonné leurs drapeaux, ou qu'ils ne se sont pas rendus au corps qui leur a été assigné, dans les délais fixés ci-devant pour les militaires en congé. (1er s. 1819, p. 276.)

375. Le signalement des militaires déclarés déserteurs doit être adressé au ministre, au préfet du département où était domicilié le prévenu, lors de son entrée au service, et au colonel de la légion de gendarmerie dans l'arrondissement de laquelle ce département se trouve situé.

L'expédition de ce signalement destinée au ministre doit indiquer la date de l'envoi, tant au préfet qu'à la gendarmerie, ainsi que le nom du département et le numéro de la légion de gendarmerie où la recherche doit avoir lieu.

Si le prévenu, avant son entrée au service, n'avait pas son domicile dans le département où il est né, ou dans celui qu'habitent ses parens, une expédition du signalement doit être transmise au préfet du lieu de son dernier domicile et une autre au préfet du département où sont domiciliés ses père et mère, et, si ces deux départemens ne se trouvent point placés dans l'arrondissement de la même légion de gendarmerie, les colonels des deux légions devront en recevoir également chacun une. Il doit être fait mention de ces deux envois dans la colonne d'observation de la feuille destinée au ministre.

Lorsque le militaire déclaré déserteur et signalé comme tel aura été ramené au corps ou s'y sera présenté volontairement, l'envoi de son signalement (mod. n° 2), devra être fait au ministre de la même manière que ci-dessus, c'est-à-dire, que le chef de corps lui en transmet une seule expédition et qu'il envoie les autres aux préfets et aux colonels de gendarmerie auxquels ils ont fait parvenir le signalement n° 1. Il doit être fait mention de la date de ces envois dans la feuille qu'il adresse au ministre, et il doit y indiquer, dans la dernière colonne, la position de l'accusé et les mesures qui auront été exécutées à son égard, conformément aux dispositions de l'art. 4 de l'ordonnance du 21 février 1816. (2e semestre, 1819, p. 77.)

376. Indépendamment des envois ci-dessus, le signalement des déserteurs nés ou domiciliés, et même présumés réfugiés dans le département de la Seine, sera envoyé à M. le préfet de police, à Paris. (1er s. 1831, p. 755.)

NEUVIÈME LEÇON.

Des ordinaires et du livret des ordinaires.

377. **D.** Comment et par qui est tenu le livret d'ordinaire ?

R. Chaque chef d'ordinaire est chargé de la tenue du livret d'ordinaire, il y inscrit successivement, après la distribution de chaque prêt, la portion du prêt affectée aux dépenses de l'ordinaire, et fixée par l'ordonnance du 5 novembre 1840.—

Avec les vivres de campagne. . . . . 0 fr. 18 c. par jour.
En station, avec le pain seulement 0 fr. 33 c. par jour.
Avec le pain, sans vivres. . . . . . 0 fr. 43 c. par jour.

378. Le capitaine fait remettre chaque jour, par le sergent-major ou maréchal-des-logis chef, au caporal ou brigadier chargé de l'ordinaire, l'argent nécessaire pour les dépenses de l'ordinaire ; le sergent-major ou maréchal-des-logis chef inscrit en même temps sur le livret la somme revenant à l'ordinaire en raison du nombre d'hommes qui y mangent ce jour-là, et l'acompte donné par le capitaine pour les dépenses de l'ordinaire.

379. Indépendamment des versemens journaliers ci-dessus détaillés, les recettes de l'ordinaire s'accroissent :

1° Du supplément versé par les sous-officiers, quand ils vivent à l'ordinaire du soldat ;

2° Du prélèvement fait sur la solde des travailleurs et sur les rappels dus aux hommes de troupe qui étaient absens comme garnisaires ;

3° Du prix payé par les travailleurs pour leur service, lorsqu'il roule sur l'ordinaire (art. 808 de l'ordonnance du 19 mars 1823) ;

4° De la totalité des deniers de poche des militaires de toutes armes, punis de la salle de police, de la prison ou du cachot, lorsqu'ils ne sont pas mariés (2e sem., 1829, p. 61) ;

5° Des centimes de poche des hommes irrégulièrement absens au dernier jour du prêt.

380. *D.* Quels sont les devoirs du chef d'ordinaire?

R. La veille du prêt, le caporal ou brigadier chef d'ordinaire présente à la vérification de l'officier chargé de la surveillance de l'ordinaire, le livre servant à l'inscription des recettes et dépenses.

381. *D.* A qui appartiennent les fonds d. l'ordinaire?

R. Ils appartiennent exclusivement à la troupe qui est libre de choisir elle-même ses fournisseurs et débattre les prix.

Cette faculté s'exerce sous la surveillance des commandans de compagnies, escadrons et batteries, qui, de leur côté, doivent s'assurer que les fonds de l'ordinaire reçoivent exactement leur destination (art. 811 de l'ordonnance du 19 mars 1823.)

382. *D.* Quelle est l'intervention des capitaines dans les ordinaires?

R. Les commandans de compagnie, escadron ou batterie, doivent surveiller avec une attention soutenue la gestion de l'ordinaire. Ils s'assurent fréquemment par eux-mêmes que les comestibles sont de bonne qualité et en quantité suffisante; que les bouchers, les boulangers et les épiciers sont régulièrement payés et qu'ils inscrivent chaque jour leur quittance sur le cahier destiné à cet usage; il empêche, par tous les moyens qui sont en son pouvoir, qu'aucun abus ne s'introduise dans la gestion de l'ordinaire. (art. 70 et 84 de l'ordonnance du 2 novembre 1833.)

383. Quelles sont les dépenses à la charge des ordinaires?

R. Sont à la charge des fonds de l'ordinaire le paiement du frater, les dépenses du blanchissage, ainsi que l'achat des balais et des ingrédiens nécessaires pour blanchir la buffleterie, éclaircir les armes, cirer les gibernes et noircir les souliers (art. 813 de l'ordonnance du 19 mars 1823.)

384. *D.* Comment se distribuent les centimes de poche?

R. Le premier jour du prêt, avant l'appel de onze heures, le sergent-major ou maréchal-des-logis chef paie aux chefs d'ordinaire, en présence de l'officier chargé de la surveillance de l'ordinaire, les centimes de poche et les hautes-paies du prêt échu (art. 124 et 164 de l'ordonnance du 2 novembre 1833.)

Les hommes qui s'absentent avec permission sont payés des centimes de poche et des hautes-paies jusqu'au jour de leur départ exclusivement (2e sem., 1835. p. 41.)

Dans aucun cas, le soldat ne peut recevoir moins de cinq centimes de poche par jour (art. 69 et 83 des ordonn. du 2 novembre 1833.)

QUATRIÈME PARTIE.

SERVICES ADMINISTRATIFS DE L'ARMÉE, COMPRENANT LE LOGEMENT ET LE CASERNEMENT, L'HABILLEMENT, LES LITS MILITAIRES, LES FRAIS DE ROUTE, LES CONVOIS ET LES HOPITAUX.

TITRE PREMIER.

Du logement et du casernement.

PREMIÈRE LEÇON.

Des règles d'allocation du logement.

385. *D.* Quels sont les militaires qui ont droit au logement?
R. Le logement est dû aux sous-officiers, caporaux ou brigadiers et soldats de toute arme, dans toutes les positions qui leur donnent droit à la solde de présence.

Ceux qui marchent isolément ou avec leur corps, et généralement tout militaire porteur d'une feuille de route, ont droit au logemrnt fourni par les autorités locales.

DEUXIÈME LEÇON.

Du casernement.

386. *D.* Qu'entendez-vous par casernement?
R. Le service du casernement comprend généralement tout ce qui a rapport au logement des troupes en garnison.

387. *D.* Dans les attributions de qui sont les bâtimens militaires?
R. Les bâtimens militaires sont dans les attributions respectives des intendans et sous-intendans militaires, des officiers du génie et des commandans de place.

388. Les commandans de place sont chargés de la police militaire des bâtimens occupés par la troupe.

389 Les officiers du génie sont chargés de la police administrative des bâtimens militaires, conjointement avec l'intendance militaire.

390. L'intendance militaire désigne le logement des corps dans les bâtimens qui lui sont affectés.

391. *D.* Comment procède-t-on à l'occupation des bâtimens militaires?

R. Dans les bâtimens militaires désignés pour être occupés par la troupe, le logement des corps doit être distribué pour les différens grades ainsi qu'il suit :

Capitaine, une chambre et un cabinet;

Lieutenant et sous-lieutenant, une chambre et un cabinet pour deux;

Sergent-major ou maréchal-des-logis-chef et fourrier, une chambre à deux lits;

Sergens et maréchaux-des-logis, une chambre pour tous ceux de chaque compagnie, escadron ou batterie;

Les caporaux ou brigadiers logent avec les soldats.

Il est réservé dans chaque caserne, une chambre basse et pavée, pour chaque blanchisseuse aux corps autorisée par les règlemens; mais cette chambre est sans meubles ni fournitures de casernement.

392. A la prise de possession d'une caserne, il est établi dans chaque compagnie, escadron ou batterie, un état descriptif des lieux, détaillé par chambre et contenant l'inventaire des effets d'ameublement restant à demeure.

Une expédition de cet état est remise au capitaine par l'officier du casernement revêtu de sa signature.

Les hommes deviennent responsables des dommages et dégâts causés par leur fait, tant aux bâtimens qu'aux effets qu'ils renferment, sauf le cas de force majeure.

393. *D.* En quoi consiste l'ameublement des bâtimens militaires?

R. Il est pourvu à l'ameublement des bâtimens militaires :

1o En ce qui concerne le couchage et les fournitures de corps-de-garde, pour l'entreprise des lits militaires, d'après les ordres des intendans;

2o En ce qui concerne les autres objets d'ameublement, et les ustensiles qui ne sont pas à la charge des corps, par les soins du génie.

394. *D.* Comment sont placés les lits dans les casernes?

R. Chaque lit doit être adossé, autant que possible, à un mur, mais sans le toucher; l'intervalle entre deux lits doit être de cinquante centimètres au plus.

Il doit être établi à la tête des lits, dans les chambres des casernes, des tablettes pour recevoir les bagages des hommes.

Dans l'espace qui sépare deux lits, sont scellés, dans le mur, deux chevilles ou crochets en fer ou deux boutons pour porter l'armement.

Deux clous à crochets doivent être fixés au-dessous de la tablette, à la tête des lits, pour y suspendre les souliers, la semelle en dehors,

Il est fourni, dans chaque chambrée, à raison de seize hommes de l'effectif occupant :

1° Une table de deux mètres de longueur sur soixante-dix centimètres de largeur ;

2° Deux bancs de même longueur, et une planche à pain de deux mètres de longueur sur soixante centimètres de largeur.

395. **D.** Comment sont meublées les chambres des sous-officiers ?

R. La chambre des sous-officiers est meublée en raison du nombre d'hommes qu'elle contient, et dans les proportions qui précèdent. On y place toujours le double rang de tablettes.

Dans celle du sergent-major, il y a un porte-armes pour dix armes, et le développement de tablettes pour vingt hommes.

396. **D.** Comment et par qui sont fournis les objets de propreté ?

R. Les outils, ustensiles, balais, paniers, racloirs, etc., pour le service des chambrées ou des alimens, sont toujours à la charge des corps ; seulement, les pelles, pioches et brouettes, nécessaires pour l'entretien de la propreté dans les casernes et à l'extérieur des bâtimens, sont fournis par le génie, et remises à l'officier de casernement qui en est responsable.

397. **D.** Comment s'exerce la police intérieure des bâtimens ?

R. La destination d'un local ne peut être changée ; le maniement des armes et les exercices sont défendus dans les corridors et autres lieux que ceux destinés à cet usage.

Les leçons d'escrime et de danse sont également proscrites des chambres et corridors ; mais lorsque les ressources du casernement le permettent, il est désigné une salle particulière pour cet objet.

Les corps doivent entretenir la propreté intérieure dans tous les lieux qu'ils occupent, ainsi que dans les corridors, escaliers, cours, etc. Ils sont également chargés de la propreté devant les façades des bâtimens qu'ils occupent le long de la voie publique, en se conformant à cet égard, aux réglemens de police des villes et des communes.

398. **D.** Comment s'opère l'évacuation des bâtimens militaires ?

R. Tout corps de troupe qui évacue un logement pour quelque motif ou avec quelque précipitation que ce soit, doit rendre toutes les chambres, corridors, escaliers, etc., dans un état de propreté convenable, pour y recevoir tel autre corps qui viendrait le remplacer.

Le commandant du corps ou du détachement est personnellement responsable de l'exécution de cette mesure.

Lorsqu'un corps de troupe quitte un logement sans l'avoir rendu en état de propreté, il est employé, aux frais du commandant, le nombre d'ouvriers nécessaires pour que le logement soit mis en état d'être occupé dès le jour même si le besoin l'exige. (Extrait du règlement du 17 août 1824.)

TROISIÈME LEÇON.

Du logement chez l'habitant.

399. **D.** Dans quels cas les habitans doivent-ils le logement aux troupes ?

R. Conformément aux lois des 10 juillet 1791 et 23 mai 1792, le logement doit être fourni par les habitans ;

1° Aux militaires de tous grades et de toutes armes et autres considérés comme tels, marchant en corps ou en détachement, isolément ou allant en congé, munis de feuilles de route qui leur attribuent cette prestation ;

2° Aux hommes de troupe et sans troupe en station dans les places ou cantonnemens dans lesquels il n'y a pas de bâtimens militaires, ou lorsque les bâtimens militaires qu' y existent sont reconnus insuffisans, ou se trouvent dépourvus de fournitures de coucher.

400. **D.** Quelles sont les pièces nécessaires pour obtenir le logement ?

R. Les maires font fournir le logement chez l'habitant sur la présentation des feuilles de route par les militaires en marche, et sur les demandes des sous-intendans militaires pour les troupes en station.

401. **D.** Comment doivent être composés les lits fournis par les habitans ?

R. Les lits fournis par les habitans aux sous-officiers et soldats doivent, autant que possible, être composés comme ceux des casernes, et il doit y avoir dans la chambre deux chaises et un banc.

402. **D.** Quelle est la responsabilité des militaires logés chez l'habitant ?

R. Les militaires logés chez l'habitant sont responsables des dommages et des dégradations qu'ils auraient occasionnés dans leur logement.

403. Comment se font les ordinaires en cas de logement chez l'habitant ?

R. Les maires doivent désigner un logement pour le chef d'ordinaire, ayant place suffisante pour faire la cuisine pour huit ou seize hommes, et pouvant fournir les ustensiles nécessaires.

403 **D.** De quoi doit se composer l'ameublement des logemens chez l'habitant ?

R. Les habitans doivent fournir un lit pour deux caporaux ou soldats, de même que pour deux sergens et fourriers ; mais ces derniers ne doivent, dans aucun cas, coucher avec les soldats, ni avec des sous-officiers d'un autre corps.

Il doit être délivré un lit pour chaque adjudant, tambour-major et sergent-major ou maréchal-des-logis-chef, qui doivent coucher seuls.

L'habitant prête aux sous-officiers et soldats les ustensiles de cuisine et de table, et leur doit place au feu et à la chandelle.

Les troupes en cantonnement ou en garnison ne peuvent exiger de la place au feu chez l'habitant, attendu qu'elles reçoivent, dans ces positions, les prestations de chauffage.

Les habitans ne sont point tenus de fournir les ustensiles de cuisine ; mais ils doivent donner une chambre à cheminée pour faire cuire les alimens.

(Extrait du règlement du 10 juillet 1824 et de l'ordonnance du 2 novembre 1833.)

TITRE II.

De l'habillement dans les corps.

LEÇON UNIQUE.

404. D. Quels sont les effets d'habillement auxquels ont droit les sous-officiers et soldats ?

R. Les sous-officiers, caporaux ou brigadiers et soldats, excepté les adjudans-sous-officiers, les vétérinaires et les maîtres-ouvriers, reçoivent aux frais de l'Etat, les effets d'habillement et d'équipement ci-après, savoir :

Dans l'infanterie.

405. Un habit dont la durée est fixée à deux ans pour les sous-officiers et les musiciens, et trois ans pour les caporaux et soldats.

Une redingote pour les sous-officiers et musiciens dont la durée est fixée à trois ans.

Une capote pour les caporaux et soldats d'une durée de trois ans.

Une veste aux caporaux et soldats d'une durée de trois ans.

Un pantalon aux sous-officiers et soldats dont la durée est fixée à un an.

Aux mêmes, un bonnet de police d'une durée de trois ans.

Les sous-officiers, caporaux et soldats des compagnies de grenadiers et de voltigeurs reçoivent, avec leur habit, une paire d'épaulettes dont la durée est la même que celle de l'habit.

Les mêmes reçoivent un schako d'une durée de quatre ans.

Ils reçoivent en outre, une giberne, un porte-giberne, un baudrier de sabre et un fourreau de baïonnette.

Tous les effets ci-dessus, lorsqu'ils ont été mis en la possession des hommes, s'ils les perdent, ou s'ils les détériorent avant l'expiration du terme fixé pour leur durée, ils sont remplacés ou réparés à leurs frais.

Dans la cavalerie.

406. Un habit dont la durée est fixée à dix-huit mois pour les sous-officiers, et à trois ans pour les soldats.

Un manteau d'une durée de neuf ans.

Une veste d'écurie aux brigadiers et cavaliers, dont la durée est fixée à dix-huit mois.

Un pantalon d'ordonnance et un pantalon de cheval à chaque sous-officier, brigadier et cavalier, devant parcourir chacun une durée de dix-huit mois.

Aux mêmes, un bonnet de police d'une durée de trois ans.

Aux mêmes, un porte-manteau d'une durée de huit ans.

Dans les carabiniers et les cuirassiers, un casque dont la durée est fixée à douze ans.

Dans les mêmes corps, une matelassure de cuirasse d'une durée de quatre ans.

Dans les autres corps, les sous-officiers et soldats reçoivent un schako qui doit durer quatre ans.

Dans les mêmes, une giberne, un porte-giberne et un porte-mousqueton.

Dans tous les corps, un ceinturon de sabre.

Dans les hussards, une sabretache, une ceinture et un cordon de pelisse.

Dans l'artillerie.

407. Un habit dont la durée est fixée à dix-huit mois pour les sous-officiers, et à trois ans pour les brigadiers et les canonniers.

Aux hommes non montés, une capote dont la durée est fixée à huit ans.

Aux hommes montés, un manteau d'une durée de neuf ans.

Aux brigadiers et canonniers, une veste d'ordonnance ou d'écurie, dont la durée est fixée à un an.

Aux caporaux et ouvriers des compagnies d'ouvriers, une veste de travail, dont la durée est fixée à un an.

A tous les hommes montés, un pantalon d'ordonnance et un pantalon de cheval, dont la durée est fixée pour chacun à dix-huit mois.

A tous, un bonnet de police d'une durée de trois ans.

Aux hommes montés, un porte-manteau d'une durée de huit ans.

A tous, un baudrier ou ceinturon de sabre, une giberne, un porte-giberne et un schako.

Dans le génie.

408. Un habit dont la durée est fixée à deux ans pour les sous-officiers et les musiciens, et à trois ans pour les caporaux et soldats.

Une rédingote pour les sous-officiers et une capote pour les caporaux et soldats, d'une durée de trois ans.

Une veste d'une durée d'un an pour les caporaux et soldats seulement.

Un bonnet de police pour tous, d'une durée de trois ans.

Un porte-manteau pour les sapeurs-conducteurs, dont la durée est fixée à huit ans.

Un manteau aux mêmes, d'une durée de neuf ans.

Un pantalon d'ordonnance de la durée d'un an pour les sous-officiers et soldats à pied ; le même pantalon pour les sapeurs conducteurs ; plus, un pantalon de cheval. La durée de ces deux derniers est portée à dix-huit mois.

Un schako d'une durée de quatre ans.

Une giberne, un porte-giberne, un baudrier ou ceinturon de sabre et un fourreau de baïonnette.

Dans le train des équipages.

409. Un habit dont la durée est fixée à dix-huit mois pour les sous-officiers, et à trois ans pour les brigadiers et soldats.

Une redingote ou capote d'une durée de trois ans.

Un manteau d'une durée de neuf ans.

Une veste d'écurie et une de travail dont la durée de chacune est fixée à trois ans.

Un pantalon d'ordonnance et un pantalon de cheval, devant durer l'un et l'autre chacun dix-huit mois.

Un bonnet de police d'une durée de trois ans.

Un porte-manteau d'une durée de huit ans.

Une giberne, un porte-giberne, un schako, et un ceinturon ou baudrier de sabre.

Le bataillon d'ouvriers d'administration et les compagnies de vétérans sont habillés et équipés comme dans l'infanterie.

Remplacement des effets.

410. Les effets d'habillement et d'équipement sont remplacés conformément aux prescriptions des art. 348 et suivans.

Réparations au compte des hommes.

411. Les effets de toute nature fournis par l'État, sont remplacés ou réparés au compte des hommes dans le cas de perte, ou détérioration avant l'expiration du terme fixé pour leur remplacement légal, conformément à ce qui est prescrit aux articles 345 et suivans.

413. *D.* Quels sont les effets que les règlemens mettent à la charge des masses individuelles ?

R. En voici la nomenclature avec indication des prix que les corps ne peuvent dépasser dans les achats.

NOMENCLATURE des effets au compte des masses individuelles, avec indication des prix que les corps ne peuvent dépasser dans les achats.

DÉSIGNATION DES EFFETS.	Prix des effets.	DÉCISIONS QUI FIXENT LES PRIX.
	f. c.	
Besace, pour les troupes à cheval	2 30	*Journal militaire, 2e semestre page 16.* —
Boucle de pantalon pour toutes les armes	» 08	1er semestre 1832, p. 82.
Bottes (la paire)	16 »	1er semestre 1832, p. 82.
Bottines	12 »	1er semest. 1832, p. 509.
Bretelle de sabre	1 60	1er semestre 1832, p. 82.
Bretelles de pantalon { dans l'infanterie	» 45	1er semestre 1832, p. 82.
{ dans la cavalerie	» 60	1er semestre 1832, p. 82.
Cache éperons	» 40	1er semestre 1832, p. 82.
Caisse de tambour. { Peau. { de batterie	2 25	Lettre de l'intendant de la 1re division en date du 8 août 1844.
{ de timbre	2 25	
Cercle	» 70	
Timbre	» 40	
Cordage	» 75	
Tiran (chaque)	» 05	
Paire de baguette	» 25	
Caleçon { pour les troupes à pied	2 15	Circulaire manuscrit du 18 novembre 1833
{ pour les carabiniers	2 »	
{ pour les cuirassiers	2 10	
{ pour les autres armes	2 05	
Calotte de coton	» 40	1er semestre 1837, p. 82, et lettre ministérielle du 22 décembre 1840.
Chemise { en toile pour toutes les armes	4 10	1er semestre 1832, p. 82.
{ en cretonne. { blanchie	3 10	2e semestre 1841, p. 554.
{ écrue	2 60	

DÉSIGNATION DES EFFETS.		Prix des effets.	DÉCISIONS QUI FIXENT LES PRIX.
		f. c.	
Coiffe. . .	{ de czapska	2 40	1ᵉʳ semest. 1832, p. 82.
	de casquette	» 95	2ᵉ semest. 1833, p. 104.
Coiffe de schakos	{ cavalerie, artillerie et train . { en coton	1 15	2ᵉ semest. 1837, p. 418. Pour les troupes à pied cette décision se trouve implicitement rapportée.
	en lin. .	1 35	
	toute autre arme { en coton	1 25	
	en lin. .	1 45	(Voyez couv. schakos)
Col noir en satin turc.		1 »	1ᵉʳ semest. 1836, p. 417.
Contre-épaulettes	{ aux chasseurs d'Afrique	2 50	1ᵉʳ semest. 1832, p. 82.
	aux maréchaux de l'école de cavalerie . . .	1 50	1ᵉʳ semest. 1830, p. 135.
Courroie de manteau.		» 35	1ᵉʳ semest. 1840, p. 10.
Couvre. . .	{ Giberne	» 27	1ᵉʳ semest. 1832, p. 82.
	Schakos en toile de coton vérale	» 95	2ᵉ semest. 1843, p. 487.
Cordon de schakos ou de czapska		2 30	1ᵉʳ semest. 1832, p. 82.
Effets de pansage dans les régimens de cavalerie . .	{ sac à avoine. . . . 2 51		
	musette . . . . . . 1 »		
	ciseaux (la paire). » 82		
	éponge . . . . 1 »	8 52	1ᵉʳ semest. 1832, 509.
	peigne . . . . » 20		
	brosse 1 19		
	étrille . . . . » 80		
	corde à fourrage .. 1 »		
Épaulettes (la paire).		2 85	1ᵉʳ semest. 1832, p. 82.
Épinglette		» 10	1ᵉʳ semest. 1832, p. 82.

DÉSIGNATION DES EFFETS.	Prix des effets.	DÉCISIONS QUI FIXENT LES PRIX.
	f. c.	
Étui { d'habit y compris les 2 ronds de bois.	1 05	2e sem. 1843, p. 487.
Étui { de plumet.	» 14	1er sem. 1832, p. 82.
Étui { de bonnet d'oursin.	1 65	1er sem. 1824, p. 98.
Étui { d'outils du Génie.	3 50	1er sem. 1832, p. 82.
Fouet pour l'artillerie et les trains.	1 »	1er sem. 1832, p. 509.
Gants { pour l'infanterie (la paire).	» 70	1er sem. 1837, p. 413.
Gants { pour la cavalerie (la paire).	1 60	1er sem. 1832, p. 39.
Guêtres { de cuir noir (la paire).	3 60	2e sem. 1839, p. 82.
Guêtres { blanche (la paire).	1 27	1er sem. 1832, p. 82.
Guêtres { en cuir jaune (la paire).	3 57	Lettre du 12 oct. 1843.
Hache de campement.	2 87	1er sem. 1835 p. 64.
Hâvre-sac { de troupe tout garni.	9 16	2e sem. 1843, p. 487.
Hâvre-sac { de sapeur tout garni.	12 »	1e sem. 1843, p. 487.
Pantalon de treillis { pour les carabiniers.	4 40	1er sem. 1836, p. 418.
Pantalon de treillis { pour les cuirass. et l'artillerie	4 25	Idem.
Pantalon de treillis { pour les chass. et les hussards	4 »	Idem.
Pantalon de treillis { pour les autres armes.	4 05	Idem.
Paremens pour la grosse cavalerie.	2 40	1er sem. 1832, p. 82.
Phécy, ou calotte garance.	2 »	Idem.
Plumet en plume { pour les cuirassiers et les dragons.	2 78	Idem.
Plumet en plume { pour l'école de cavaler.	3 »	Idem.

DÉSIGNATION DES EFFETS.				Prix des effets.	DÉCISIONS QUI FIXENT LES PRIX.
				f. c.	
Plumes en crin..	pour les lanciers, chasseurs et hussards..			2 »	1er sem. 1832, p. 82.
	pour l'artillerie.....			2 50	Idem.
Pompon des troupes à pied....	à flamme	tricolore et écarlate.....		» 85	2e sem. 1843, p. 487.
		jonquille, etc...		» 72	Idem.
	sphérique..............			» 50	Idem.
	ellipsoïde	à numéro.....		» 50	Idem.
		sans numéro...		» 45	Idem.
Pompon	de cuirassiers et dragons.......			» 30	1er sem. 1832, p. 82.
	de lanciers, chasseurs et hussards			» 55	Idem.
	d'artillerie..............			» 55	Idem.
	des trains..............			» 88	Idem.
Petite monture....	livret.............	» 25			
	martinet.............	» 40			
	2 mouchoirs de poche..	» 80			
	brosse à habit.......	» 30			
	brosse à souliers.......	» 20			1er sem. 1824, p. 247.
	brosse à boutons......	» 10			1er sem. 1832, p. 82, et
	boîte à graisse........	» 30			lettre ministérielle, du
	patience............	» 10		4 07	22 déc. 1840, adressée
	trousse en cuir........	» 57			au corps de nouvelle
	peigne.............	» 25			formation.
	alène emmanchée......	» 20			
	échevaux de fil........	» 20			
	dé à coudre..........	» 10			
	trois aiguilles........	» 05			
	ciseaux.............	» 25			
Souliers (la paire).............				5 30	1er sem. 1832, p. 82.
Tampon de fusil..............				» 25	Idem.
Tonnelet et la banderolle...........				1 50	Idem.

414. *D*. Quels sont les effets d'habillement que les hommes emportent en cas de mutation?

R. Les hommes qui changent de corps, qui quittent le service, ou change de position emportent avec eux les effets désignés au tableau suivant :

DÉSIGNATION des POSITIONS.

TROUPES À PIED

Désignation des positions		Redingote ou capote.	Habit — Grande tenue.	Habit — Petite tenue.	Pantalon.	Bonnet de police.	Veste.	Schako.
1° Sous-officiers promus officiers		0	1	1	1	0	0	0
2° Admis à la retraite	sous-officiers.	1	1	1	1	1	0	1
	soldats.	1	1	0	1	1	1	1
3° Congédiés ou réformés par suite de blessures ou infirmités contractées au service (A)	sous-officiers	0	1	1	1	1	0	0
	soldats.	0	1	0	1	1	1	0
4° Allant en semestre (B)	sous-officiers	0	1	1	1	1	0	1
	soldats.	0	1	0	1	1	1	1
5° Renvoyés dans leurs foyers pour inaptitude au service ; passant aux compagnies de discipline, et détenus mis en jugement.	sous-officiers.	0	0	1	1	1	0	0
	soldats.	0	0	0	1	1	1	0
6° Passant d'un corps de la ligne dans la gendarmerie ou la garde municipale de Paris.	sous-officiers.	0	0	1	1	1	0	0
	soldats.	0	0	0	1	1	1	0
7° Passant d'un corps dans un autre de même arme	sous-officiers	1	1	1	1	1	0	1
	soldats.	1	1	0	1	1	1	1
8° Passant d'un corps dans un autre d'arme différente (D)	sous-officiers.	0	0	1	1	1	0	0
	soldats.	0	0	0	1	1	1	0
9° Allant en congé de 6 mois	sous-officiers.	0	1	1	1	1	0	0
	soldats.	0	0	0	1	1	1	0

10° Remplacés. — Ils emportent la totalité de leurs effets lorsqu'ils (Combinaison des dispositions insérées au *Journal militaire,*

TROUPES À CHEVAL

Désignation des positions		Dolman — Grande tenue.	Dolman — Petite tenue.	Pelisse — Grande tenue.	Pelisse — Petite tenue.	Habit — Grande tenue.	Habit — Petite tenue.	Veste d'écurie.	Pantalon.	Bonnet de police.	Schakos ou czapka.	Porte-manteau.
1° Sous-officiers promus officiers		1	0	1	0	1	1	0	1	1	0	0
2° Admis à la retraite	sous-officiers.	1	0	1	0	1	1	0	1	1	1	1
	soldats.	1	0	1	0	1	0	1	1	1	1	1
3° Congédiés ou réformés par suite de blessures ou infirmités contractées au service (A)	sous-officiers	1	0	0	1	1	1	0	1	1	0	1
	soldats.	0	0	0	0	1	0	0	1	1	0	1
4° Allant en semestre (B)	sous-officiers	1	1	0	0	1	1	0	1	1	1	1
	soldats.	1	0	0	0	1	0	1	1	1	1	1
5° Renvoyés dans leurs foyers pour inaptitude au service ; passant aux compagnies de discipline, et détenus mis en jugement.	sous-officiers.	0	0	0	0	0	1	0	1	1	0	0
	soldats.	0	0	0	0	0	0	0	1	1	0	0
6° Passant d'un corps de la ligne dans la gendarmerie ou la garde municipale de Paris.	sous-officiers.	0	1	0	0	0	1	0	1	1	0	0
	soldats.	0	0	0	0	0	0	1	1	1	0	1
7° Passant d'un corps dans un autre de même arme	sous-officiers	0	1	0	0	1	1	1	1	1	1	1
	soldats.	0	0	0	0	1	1	0	1	1	1	1
8° Passant d'un corps dans un autre d'arme différente (D)	sous-officiers.	0	1	0	0	0	1	0	1	1	0	1
	soldats.	0	0	0	0	0	0	1	1	1	0	1
9° Allant en congé de 6 mois	sous-officiers.	1	0	0	1	0	0	0	1	1	0	1
	soldats.	1	0	0	0	0	0	1	1	1	0	1

OBSERVATIONS.

(A) Dans l'infanterie, la capote pourra remplacer l'habit, et dans les hussards on peut donner la pelisse en échange du dolman.

(B) Ils emportent en outre le casque, le sabre et la sabretache.

(C) Les hommes passant en Afrique n'emportent pas le schako.

(D) On peut laisser emporter les capotes et les schakos, lorsqu'au moyen de quelques légers changements ces effets peuvent être utilisés dans les nouveaux corps.

Les hommes qui vont aux eaux emportent les effets désignés au § 4, moins le sabre, le baudrier le ceinturon et la sabretache (2e semestre 1841, p. 180.)

ont acquitté l'indemnité d'habillement, moins le manteau. 1er sem. 32, p. 49 et 497, et 1er sem. 33, p. 135.)

Observations sur le tableau d'autre part.

Dans la position où le fantassin n'emporte que sa veste ou sa tunique, et même ces deux vêtemens à la fois, lorsque la rigueur de la saison fait sentir la nécessité de lui laisser une capote, on peut lui donner un effet de cette nature, que l'on choisit parmi ceux qui ont atteint le terme de leur durée légale.

Dans les catégories numéros 1, 2, 4, 7, 8 et 9, les hommes emportent leurs propres effets; dans toutes les autres, et lorsque ces effets sont d'une distribution récente, ils doivent être échangés contre des objets ayant parcouru au moins la moitié de leur durée.

Dans toutes les positions, les hommes conservent en outre des objets désignés d'autre part, le pantalon dont la durée est expirée, ainsi que tous les objets dont l'achat et l'entretien sont au compte des masses individuelles.

TITRE III.

Service des lits militaires.

415. *D.* Quel est l'objet du service des lits militaires?

R. L'objet du service militaire est de procurer aux militaires en station, logés dans les locaux dont dispose le département de la guerre, les effets de couchage et d'ameublement qui leur sont nécessaires.

Le mobilier du service des lits militaires comprend les diverses catégories ci-après :

1° Fourniture de soldat ;

2° Fourniture d'infirmerie régimentaire ;

3° Demi-fourniture ;

4° Mobilier de corps de garde d'officier ;

5° Mobilier de corps de garde de soldat ;

6° Capotes de sentinelles.

Les fournitures de soldat sont destinées aux sous-officiers (y compris les adjudans), caporaux, soldats, ainsi qu'aux enfans de troupe, et aux vivandières-blanchisseuses patentées.

Les fournitures d'infirmerie sont spécialement affectées aux militaires atteints de maladies ou de blessures légères, traitées dans les infirmeries régimentaires.

Les demi-fournitures sont affectées au service :

1° Des infirmeries régimentaires, pour le traitement des vénériens et des galeux ;

2º Des salles de discipline et des prisons de police établies dans l'intérieur des casernes.

416. *D.* Quelles sont les époques fixées pour le rebattage des matelas et traversins ?

R. Les matelas et traversins des fournitures de sous-officiers et soldats sont rebattus tous les dix-huit mois, et ceux des fournitures d'infirmerie tous les ans, quelque soit, du reste, le temps pendant lequel ces matelas et traversins ont été occupés depuis leur dernier rebattage.

Nonobstant cette manutention périodique, les matelas et traversins des lits d'infirmerie seront rebattus, les enveloppes et la laine seront assainies, toutes les fois que l'officier de santé du corps en aura reconnu la nécessité, et qu'un fonctionnaire de l'intendance en aura donné l'ordre.

417. *D.* A quelles époques change-t-on les draps de lits ?

R. Les draps de lit sont échangés, savoir :

Ceux des fourni- { Du 1er mai au 30 septembre tous les 20 jours.
tures de soldats,   { Du 1er octobre au 30 avril tous les 30 jours.

Ceux des fournitures et demi-fournitures d'infirmerie, aux mêmes époques que pour les lits de soldat, et à chaque mutation de malade ; il sera fourni des draps blancs lorsque, en raison de la maladie, l'officier de santé juge nécessaire de faire échanger les draps.

Les draps délivrés dans le courant de septembre devront rester en service vingt jours, quand même l'époque de l'échange écherrait en octobre ; par la même raison, ceux de même espèce délivrés en avril devront rester trente jours en service, quoique la date de l'échange arrive en mai.

418. *D.* Quelles sont les époques du renouvellement de la paille des paillasses ?

R. Le renouvellement de la paille s'opère en entier tous les six mois pour les lits d'officier, ainsi que pour ceux de soldat et d'infirmerie, et tous les quatre mois pour les demi-fournitures.

La vieille paille qui appartient à l'entrepreneur, est transportée par la troupe dans un lieu que désigne à l'avance le fonctionnaire de l'intendance militaire.

Lorsque la paille à remplacer ne sera pas entièrement hors de service, le chef de la troupe pourra, s'il le juge utile, faire conserver la meilleure à raison de deux kilogrammes de cette paille pour un kilogramme de paille fraîche, que l'entrepreneur aura à fournir en moins à titre de renouvellement.

Si, en raison de circonstances extraordinaires, des paillasses garnies étaient transportées d'une caserne dans une autre, la paille de ces paillasses serait renouvelée en même temps que celle des autres paillasses existant dans cette dernière caserne, alors même que le dernier renouvellement de la paille des unes et des autres aurait eu lieu à des époques différentes.

419. *D.* Comment sont distribuées les fournitures ?

178

R. Il est distribué aux troupes en station une fourniture de soldat par sous-officier, caporal, brigadier, soldat, enfant de troupe et blanchisseuse, vivandière patentée.

Les distributions de literie sont faites à raison de l'effectif présent.

420. Les fournitures d'infirmerie sont distribuées à raison de deux pour cent du nombre de fournitures de soldat, attribuées aux corps et détachemens d'après leur effectif. Les demi-fournitures d'infirmerie sont délivrées à raison d'un et demi pour cent, et celles destinées aux salles de police et aux prisons le sont à raison de un pour cent.

421. Les officiers peuvent recevoir des lits de soldat pour les affecter à leur usage personnel dans des circonstances extraordinaires dont il est rendu compte au ministre.

Il est tenu compte dans ce cas à l'entreprise, des frais extraordinaires de blanchissage des draps.

422. Les distributions sont faites aux corps de troupe et détachemens, sur des états de demandes collectifs, sur lesquels le fonctionnaire de l'intendance militaire appose l'ordre de distribution, et la partie prenante y donne son récépissé.

423. Il est dressé des états supplémentaires lorsque des augmentations survenues dans l'effectif de la troupe rendent nécessaire une plus grande quantité de fournitures et de demi-fournitures; ces états sont établis sur le même modèle, et soumis aux mêmes formalités que ceux spécifiés dans l'article précédent.

424. Le premier jour de chaque trimestre, les états de demande délivrés dans le cours du trimestre précédent sont remplacés par un nouvel état comprenant la totalité du mobilier de literie dont chaque corps ou détachement est en possession, et auquel il a droit d'après son effectif; les anciens états, y compris ceux supplémentaires, restent entre les mains du préposé.

425. Les distributions aux corps et détachemens se font par compagnie, escadron ou batterie, en présence de l'officier de casernement et de l'officier de semaine, lesquels doivent examiner les effets et faire suspendre la distribution de ceux qu'ils ne jugeraient pas être en bon état de service.

426. Lorsque la distribution est suspendue dans le cas prévu par l'article précédent, il en est rendu compte au fonctionnaire de l'intendance militaire, qui après avoir fait procéder à l'expertise de ces effets, s'il y a lieu, prononce leur admission ou leur rejet.

427. Lorsque la distribution est consommée, aucune réclamation, quant au nombre et à l'état des effets n'est plus admissible.

628. Toutefois, si la totalité des fournitures ne peut être vérifiée le jour de la distribution, les effets non vérifiés sont reçus en nombre seulement par les corps ou détachemens, sauf à procéder le lendemain à leur examen et à faire remplacer ceux qui ne seraient pas reconnus en bon état.

Dans le récépissé au bas de l'état d'effectif, il serait fait mention de cette circonstance et du nombre d'effets que le corps aurait reçus chaque jour, jusqu'à concurrence de ceux qui lui étaient dus.

629. Les parties prenantes doivent prendre au magasin livraison des fournitures qu'elles sont autorisées à recevoir, et elles doivent en effectuer elles-mêmes ou à leurs frais le transport du magasin aux casernes Cette obligation s'étend à tous les effets qu'elles réintègrent au magasin, pour être échangés ou remplacés.

630. Par exception à l'article qui précède, le transport des lits est effectué par les soins de l'entrepreneur et à ses frais, dans les cas suivans :

1º Si la caserne est éloignée du magasin de plus de deux kilomètres ;

2º Si la caserne est séparée du magasin par un bras de mer ou par une rivière sur laquelle il n'y ait pas de pont ;

3º Dans la place de Paris, à l'arrivée et au départ de chaque corps ou détachement, pour le transport à faire du magasin à la caserne, et de là au magasin ;

4º Lorsqu'un corps ne reçoit son ordre de marche que la veille du jour fixé pour son départ.

631. *D.* Quelle est la responsabilité des corps en ce qui concerne la fourniture de lits militaires ?

R. Les corps et détachemens sont responsables, vis-à-vis de l'entrepreneur, des pertes et des dégradations provenant de leur fait, qu'a éprouvées le mobilier pendant tout le temps qu'ils l'ont eu à leur disposition ; mais ils ne sont pas responsables des dégradations provenant de l'usure naturelle des effets ou du peu de soin que l'entreprise aurait apporté dans leur entretien.

Les troupes ne pouvant se servir d'aucun effet de literie hors des locaux affectés à leur casernement, elles ne peuvent, dans aucun cas et sous aucun prétexte, les employer à un usage autre que celui auquel ils sont destinés.

632. Les commandans des troupes devront faire exercer la plus sévère surveillance dans les chambrées, afin de prévenir tout usage abusif de nature à hâter la détérioration des effets. Ils veilleront, ou feront veiller, à ce que les soldats ne battent les couvertures et les couvre-pieds qu'avec des baguettes flexibles, et non avec la baguette de fusil ; à ce qu'ils ne déposent sur les lits, ni dans l'intérieur des lits, aucun objet étranger, alors même que cet objet ne paraîtrait pas de nature à salir ou à détériorer les effets ; à ce qu'ils ne se couchent pas avec leurs chaussures ; enfin à ce qu'il ne soit fait aucun dommage au mobilier de literie.

Réintégrations en magasin.

633. *D.* Comment s'opèrent les réintégrations en magasin ?

R. Tout corps ou détachement quittant une caserne, est tenu de réintégrer, avant son départ, dans le magasin des lits militaires, les fournitures qu'il a reçues du préposé de ce service.

633. Les exceptions spécifiées par les art. 1er, 2e, 3e et 4e paragraphes de l'article 630 relatifs au transport des lits dans les casernes, sont applicables aux réintégrations au magasin.

634. Toutes les réintégrations d'effets en magasin que font les corps et détachemens, pour cause de diminution de leur effectif, ou pour cause de départ, sont inscrites par les officiers de casernement au bas des récépissés qu'ils ont délivrés sur les états de demande; la date de ces réintégrations est mentionnée exactement *et en toutes lettres* sur les récépissés.

Les réintégrations par suite d'échange ne donnent lieu à aucune inscription.

635. Le recensement et la reconnaissance des effets réintégrés ou laissés à demeure dans les casernes, devront toujours être faits en présence du préposé, de l'officier de casernement, du capitaine commandant la compagnie, l'escadron ou la batterie, ou d'un officier délégué par ce dernier.

Dégradations et pertes.

636. *D.* Comment doit-on procéder à l'égard des dégradations et pertes ?

R. Lorsqu'il résulte du recensement et de la reconnaissance des effets, qu'il n'existe ni pertes ni dégradations à la charge de la troupe, l'officier de casernement fait mention de cette circonstance au bas de sa déclaration de réintégration sur les états d'effectifs restés entre les mains du préposé, et celui-ci délivre en même temps pour constater cette même circonstance, un certificat qu'il remet directement au corps, s'il est sur les lieux, ou, dans le cas contraire, au fonctionnaire de l'intendance militaire, lequel le transmet au conseil d'administration.

Ces inscriptions sur les états d'effectif, ainsi que les certificats, sont soumis au visa du sous-intendant militaire.

637. Lorsque le recensement et la reconnaissance des effets font reconnaître des pertes et des dégradations provenant du fait de la troupe, elles sont récapitulées dans un état spécial, spécifiant la nature et le nombre des effets perdus ou détériorés, l'importance et la nature des dégradations, ainsi que le montant des pertes et dégradations d'après les tarifs ci-après, ou d'après leur évaluation, soit à l'amiable, soit par expertise contradictoire, à défaut d'indications précises dans les tarifs; enfin, cet état présente le montant des sommes que le corps doit payer immédiatement entre les mains et sur l'acquit du préposé, lequel acquit doit être revêtu du visa du sous-intendant militaire.

Cet état est dressé par le préposé en deux expéditions qui sont soumises au visa du fonctionnaire de l'intendance militaire : l'une de ces expéditions est remise au corps, et l'autre au préposé.

638. Lorsque des effets ont été avariés par suite du mauvais état des casernes, d'un vice de construction ou de toute autre cause dépendante de l'état des bâtimens, les frais de réparation de ces effets sont à la charge du département de la guerre, pourvu, toutefois, que ces avaries et leurs causes aient été légalement constatées, et que les corps justifient de leurs démarches auprès des fonctionnaires de l'intendance militaire pour obtenir la réparation des bâtimens.

639. Les chefs de poste, de corps, ou de détachemens, sont responsables du mobilier affecté au service envers l'officier qui en a pris livraison entre les mains du préposé.

(Règlement du 29 octobre 1811.)

TITRE IV.

Des indemnités et des avances en route.

NOTIONS PRÉLIMINAIRES.

640. *D.* Quel est l'objet du service des frais de route?

R. Les militaires voyageant isolément, reçoivent au compte de l'État ou à titre d'avance, les moyens qui leur sont nécessaires en argent ou en effets, soit pour se rendre à leur destination ou remplir la mission qui leur est confiée par l'autorité compétente, soit pour attendre pendant un séjour obligé, le moment de rejoindre leur poste.

Il y a trois espèces d'indemnités pour les frais de route :

1° L'indemnité de route et de séjour ;

2° Les avances facultatives en argent ou en effets ;

3° Les fournitures d'effets au compte de l'État.

PREMIÈRE LEÇON.

Des indemnités de route et de séjour.

641. *D.* Quels sont les militaires qui ont droit aux indemnités de route.

R. Les militaires en activité, désignés au tarif ci-après, ont droit, d'après les fixations de ce tarif, à une prestation au compte de l'État, sous la dénomination d'indemnité de route, lorsqu'ils voyagent iso-

182

lémeil, soit dans l'intérêt du service, soit pour rentrer dans leurs foyers.

La même indemnité est due aux militaires en non-activité, légalement requis pour un service qui les oblige à s'éloigner temporairement de leur résidence.

642. *D.* Quel est l'objet de l'indemnité de route?

R. L'indemnité de route a pour objet, quant à l'officier et à l'employé militaire, de les mettre à portée de subvenir, conjointement avec leur solde, à la dépense de leur transport et de leur subsistance; quant au sous-officier ou au soldat, de leur fournir les moyens de pourvoir par eux-mêmes à leur subsistance.

643. *D.* Quelles sont les règles d'allocation des indemnités de route?

R. L'indemnité de route est due pour les séjours qu'exige indispensablement l'intérêt du service, ou une circonstance extraordinaire, reconnue telle par l'autorité compétente.

644. L'allocation de la solde de route, ou celle des frais de poste et autres quelconques de voyage ou de déplacement, exclut le droit à l'indemnité de route.

Toute fourniture diverse en nature emporte la même exclusion.

645. Le militaire ou l'employé militaire qui remplit les fonctions du grade supérieur, n'a droit qu'à l'indemnité de route attribuée au grade dont il est titulaire.

646. Les officiers qui voyagent pour l'exercice de leurs fonctions, dans l'étendue de la circonscription territoriale où stationne la troupe qu'ils commandent, ou dans celle qui est assignée à leur service, ou aux travaux dont ils sont éventuellement chargés, n'ont pas droit à l'indemnité de route.

Toutefois, une note ministérielle du 8 février 1842 apporte quelques modifications aux dispositions qui précèdent, elles sont rapportées au tableau des positions. (1er sem. 42, p. 80.)

647. Tout militaire qui réclame une allocation en argent ou une fourniture d'effets, ne peut la recevoir, s'il est au point de départ, que sur l'exhibition d'un titre régulier délivré par l'autorité compétente; s'il est en marche, qu'autant qu'il représente une feuille de route en bonne forme.

648. Les positions définies au tableau suivant sont, à moins d'une décision spéciale du ministre, fondées sur les principes consacrés cidevant, les seuls qui, par application des articles 2, 3 et 4 emportent de droit l'allocation de l'indemnité de route. Elle a lieu pour la marche effective, d'après les fixations du tarif, ou, dans certains cas indiqués, à raison du double de ces fixations; pour les journées de séjour, sur le taux simple du même tarif, dans tous les cas sans exception.

TABLEAU DES POSITIONS.

NUMÉROS D'ORDRE.	ACTIVITÉ. OFFICIERS DE TOUTES ARMES.	INDEMNITÉ.	
		EN MARCHE. Pied sur lequel elle est allouée.	EN SÉJOUR. Temps que l'allocation ne peut excéder.
1	Se rendant à une première destination active (1)............	Simple.	
2	Passant d'une destination active à une autre, pourvu que la mutation ne résulte pas d'une demande formée par eux, soit pour permuter, soit pour changer de corps (2)............	Simple.	
3	Passant de l'état de disponibilité à un service actif et *vice-versâ*...	Simple.	
4	Passant de l'activité à la non-activité pour cause d'infirmités temporaires............	Simple.	
5	Les mêmes, porteurs de certificats de visite et contre visite dés officiers de santé, contenant la déclaration expresse et motivée qu'ils ne peuvent voyager qu'à petites journées............	Double.	

« L'allocation de la double indemnité ayant donné lieu à des
« abus préjudiciables au trésor, le
« ministre a décidé, les 21 avril
« 1838, et 24 décembre 1839, qu'elle
« ne serait accordée uniquement
« que dans le cas où, pour la gra-
« vité de la maladie et de leurs
« blessures, les officiers seraient
« hors d'état de voyager la nuit,

(1) Les officiers provenant dés écoles militaires n'ont droit à l'indemnité que lorsqu'ils se rendent au corps, soit qu'ils partent de l'école ou de leur domicile.

(2) Si l'ordre ou la lettre de service ne motive pas expressément le fait de la demande, l'indemnité est allouée.

TABLEAU DES POSITIONS.

NUMÉRO D'ORDRE.	ACTIVITÉ. OFFICIERS DE TOUTES ARMES.	INDEMNITÉ.	
		EN MARCHE. Pied sur lequel elle est allouée.	**EN SÉJOUR.** Temps que l'allocation ne peut excéder.
	« ou contraints indispensablement « à des séjours plus ou moins fré- « quents pendant leur route, et « qu'afin d'arriver à ce but les cer- « tificats de visite et de contre-visite « seraient établis en deux expédi- « tions originales dans lesquelles « on doit relater soigneusement « les causes qui déterminent l'opi- « nion de MM. les officiers de « santé sur ce fait que le titulaire « ne peut voyager qu'à petites « journées. » (1er sem. 1838, p. 441, et 2e sem. 1839, p. 505.)		
6	Passant de l'activité à la non-acti- vité par licenciement, suppres- sion, retrait ou suspension d'em- ploi.	Simple.	
7	Passant de la non-activité à un service actif.	Simple.	
8	Mis en réforme pour causes d'infir- mités incurables.	Simple.	
9	Les mêmes, lorsqu'ils sont porteurs des certificats mentionnés au no d'ordre 5	Double.	
	« Tout officier qui, étant dans « ses foyers en vertu d'un congé « avec demi-solde, y reçoit l'avis « officiel de sa mise en non-activi- « té pour infirmités incurables, ou « de sa mise en non-activité pour « infirmités temporaires, a droit au « rappel de l'indemnité de route sim- « ple, à raison du trajet qu'il aura « parcouru pour se rendre de son « corps ou de son poste dans ses « foyers, à l'effet d'y attendre qu'il « ait été statué sur la proposition « dont il aura été l'objet à cause « de ses infirmités. « La déchéance est encourue par		

TABLEAU DES POSITIONS.

NUMÉROS D'ORDRE.	ACTIVITÉ. OFFICIERS. DE TOUTES ARMES.	INDEMNITÉ.	
		EN MARCHE. Pied sur lequel elle est allouée.	EN SÉJOUR. Temps que l'allocation ne peut excéder.
	« tout officier dans cette position, « qui aura négligé de réclamer son « indemnité dans le délai de cinq « jours après la réception de l'avis « officiel de sa mise en non-activi- « té. » (1er sem. 1839, p. 347.		
10	Mis en réforme par mesure de dis-cipline.	Simple.	
11	Admis à la retraite.	Double.	
	« La même indemnité est due « aux officiers qui obtiennent des « congés de six mois avec demi-« solde, pour aller dans leurs « foyers attendre leur admission « à la retraite; mais elle ne leur « est payée que dans leurs foyers, « après la réception de l'avis de « la fixation de leur pension. Ils « encourent la même déchéance « que les officiers mis en activité, « s'ils n'ont pas réclamé dans le « délai fixé par le dernier para-« graphe de l'explication du no 9. « (2e sem. 1838, p. 4.)		
12	Voyageant sur l'ordre du ministre ou de toute autre autorité supé-rieure, pour remplir ou exécuter une mission. R	Simple.	
13	Les mêmes, lorsque l'ordre émane du ministre, d'un officier-géné-ral ou d'un intendant militaire, et qu'en outre il mentionne ex-pressément qu'ils doivent voya-ger par urgence .(1).	Double.	

R. Cette lettre indique que l'in-demnité est aussi due pour le re-tour.

(1) L'indemnité n'est double pour le retour que lorsque l'ordre l'indique.

TABLEAU DES POSITIONS.

NUMÉROS D'ORDRE	ACTIVITÉ. OFFICIERS DE TOUTES ARMES.	INDEMNITÉ.	
		EN MARCHE. Pied sur lequel elle est allouée.	EN SÉJOUR Temps que l'allocation ne peut excéder.
14	Les mêmes, séjournant en route ou à destination d'après l'ordre des mêmes autorités (1)...... « Lorsque l'ordre de voyager par « urgence n'a pas fixé le délai d'ar- « rivée, il doit être calculé sur le « parcours de quatre distances « d'étape au moins par jour, sauf « le cas d'empêchement par force « majeure, dont il doit être dû- « ment justifié. » (2e sem. 1839, p. 329.)	....	Les séjours fixés par l'ordre.
15	Les mêmes, lorsque leur mission a pour objet d'aller procéder, d'après un itinéraire spécial, aux appels de la réserve dans les cantons ou communes. R. (2).	Double.	Les séjours fixés par l'itinéraire.
16	Se rendant, soit aux hôpitaux, soit aux frais de l'État, ou sur une autorisation spéciale, à leurs frais personnels. R..........	Simple.	

(1) L'ordre doit indiquer la durée du jour qu'exige le service à exécuter ou l'accomplissement de la mission. Si cette formalité n'est pas remplie, l'allocation ne peut avoir lieu qu'après le retour, et sur l'autorisation spéciale de l'intendant, mentionnant le nombre de jours qu'il doit embrasser. Toutefois, les militaires qui accompagnent des recrues, des prisonniers de guerre, un convoi ou une évacuation de malades, et ceux qui sont traités comme isolés, quoique formant détachement, reçoivent l'indemnité sur la simple désignation des séjours, faits par les sous-intendants militaires.

(2) L'indemnité n'est double pour le retour que lorsque l'ordre l'indique.

TABLEAU DES POSITIONS.

NUMÉROS D'ORDRE.	ACTIVITÉ. OFFICIERS DE TOUTES ARMES.	INDEMNITÉ.	
		EN MARCHE. Pied sur lequel elle est allouée.	EN SÉJOUR. Temps que l'allocation ne peut excéder.
17	Les mêmes, lorsqu'ils sont porteurs des certificats mentionnés au numéro d'ordre 5 (1)	Double.	
18	Évacués d'un hôpital sur un autre	Simple.	
19	En semestre ou en congé, recevant avant l'expiration de leur permission l'ordre de rejoindre leur corps, ou une destination quelconque	Simple.	
20	Rejoignant, à l'expiration de leur semestre ou congé, la nouvelle destination qui leur est assignée ou celle qu'a reçue leur corps pendant leur absence, mais seulement si le trajet qu'ils ont à faire est plus long que la distance qu'ils auraient eue à franchir pour se rendre à l'ancienne garnison (2)	Simple.	
21	Ne trouvant plus leur corps dans le lieu désigné comme destination par leur feuille de route (3)	Simple	
22	Partant du lieu où ils tenaient garnison avec leur corps, pour se rendre à la nouvelle destination pour laquelle ce corps est en marche, sans être contraints d'en suivre le mouvement, vu leur état de maladie constaté	Simple.	

(1) Le certificat délivré au point de départ n'est pas valable pour le retour.

(2) L'indemnité est due pour le nombre de gîtes excédant la distance du point de départ à l'ancienne garnison.

(3) L'indemnité est due dans ce cas, pour la distance à parcourir de l'ancienne garnison à la nouvelle.

TABLEAU DES POSITIONS.

NUMÉROS D'ORDRE.	ACTIVITÉ. — OFFICIERS DE TOUTES ARMES.	INDEMNITÉ.	
		EN MARCHE. Pied sur lequel elle est allouée.	EN SÉJOUR. Temps que l'allocation ne peut excéder.
23	Les mêmes, lorsqu'ils sont porteurs des certificats mentionnés au numéro d'ordre 5.	Simple.	
24	Marchant avec leur corps, lorsque, nonobstant leur état de maladie, constaté par visite et contre-visite, ils sont tenus d'en suivre le mouvement, d'après un ordre émané de l'officier général dans le commandement duquel se trouve le point du départ, et, motivé sur l'intérêt du service (1)	Double.	Les séjours du corps.
25	Rejoignant, après être restés en arrière de leur corps d'après un ordre ou pour cause de maladie constatée.	Simple.	
26	Revenant d'une armée outre-mer d'après un ordre ou par congé de convalescence (2).	Simple.	

« L'indemnité n'est pas due au
« militaire qui, étant revenu d'une
« armée d'outre-mer avec un con-
« gé de convalescence, se rend à
« une nouvelle destination qu'il a
« obtenue dans l'intérieur pen-

(1) Dans cette position, comme ils n'ont pas droit à la solde de route, ils doivent être munis d'une feuille de route individuelle. Ceux qui, dans la même position, reçoivent les fourrages en argent ou en nature, ne peuvent prétendre qu'à cette solde à l'exclusion de toute autre indemnité de route.

(2) L'indemnité leur est due pour se rendre du port de débarquement au lieu de leur résidence.

TABLEAU DES POSITIONS.

NUMÉROS D'ORDRE.	ACTIVITÉ. OFFICIERS DE TOUTES ARMES.	INDEMNITÉ.	
		EN MARCHE. Pied sur le- quel elle est allouée.	EN SÉJOUR. Temps que l'allo- cation ne peut excéder.
	« dant la durée de ce congé. Elle « n'est pas due non plus à celui « qui n'a obtenu son congé de con- « valescence qu'après son débar- « quement en France. » (1er sem. 1840, p. 216.) » Elle est due au militaire qui, « après avoir été évacué d'un hô- « pital de l'Algérie, obtient dans « ce dernier établissement un « congé de convalescence. Elle « doit être payée tant pour se ren- « dre dans ses foyers que pour re- « tourner au corps. » (2e sem. 1841, p. 147.)		
27	Revenant d'une armée comme hors d'état de faire un service actif.	Simple.	
28	Les mêmes, lorsqu'ils sont por- teurs des certificats mentionnés au numéro d'ordre 5.	Double.	
29	Rentrant en France après capti- vité, naufrage ou tout autre évé- nement extraordinaire.	Simple.	quinze jours (a).
30	Allant, par autorisation du minis- tre, subir les épreuves d'un con- cours. R. (1). (Voir les positions 6 et 7 à la suite du n° 40.)	Simple.	
31	Appelés au chef-lieu de la divi- sion ou du département pour y recevoir la décoration. R.	Simple.	
32	Mis en liberté après jugement. . .	Simple.	

(1) L'indemnité n'est allouée, pour le retour, que sur certificat authentique constatant l'examen. Dans cette position, les élèves de l'École militaire reçoivent 2 fr. 50 c. par étape ou distance légale.

(a) L'indemnité n'est allouée que sur certificat de l'autorité compétente, constatant le fait.

TABLEAU DES POSITIONS.

NUMÉROS D'ORDRE.	ACTIVITÉ. OFFICIERS DE TOUTES ARMES.	INDEMNITÉ.	
		EN MARCHE. Pied sur lequel elle est allouée.	EN SÉJOUR. Temps que l'allocation ne peut excéder.
33	Appelés à faire partie temporairement, et hors de leur résidence, d'un tribunal militaire. R......	Simple.	Le jour où finit la mission (a).
34	Appelés à faire partie, hors de leur résidence, d'un conseil d'enquête. R..........	Simple.	Id... (a).
35	Se transportant, comme membres d'un tribunal militaire, sur les lieux où un délit a été commis. R...........	Simple.	Le jour où il cesse d'être retenu. (a).
36	Appelés, hors de leur résidence, en témoignage devant un tribunal civil ou militaire R. (1).....	Simple.	
37	Envoyés devant un conseil d'enquête hors de leur résidence. R...........	Simple.	Le jour du vote du conseil (a).
38	Tenus en séjour dans un port....	Simple.	Huit jours (a).
39	Faisant quarantaine...........		Le jour où expire la quarantaine (a).
	ÉLÈVES CHIRURGIENS.		
40	Passant d'un hôpital d'instruction à l'hôpital de perfectionnement (2). « Tout sous-officier, caporal, « brigadier ou soldat en activité	Simple.	

(1) L'indemnité n'est due, tant en route qu'en séjour, aux militaires qui témoignent devant les tribunaux civils, que sur la justification qu'il ne leur en a point été et qu'il ne leur en sera point alloué sur les frais de justice.

(2) L'indemnité de route des élèves-chirurgiens est de 2 fr. 50 c. par distance légale.

(a) L'indemnité n'est allouée que sur certificat de l'autorité compétente constatant le fait.

NUMÉROS D'ORDRE	ACTIVITÉ. OFFICIERS DE TOUTES ARMES.	INDEMNITÉ.	
		EN MARCHE. Pied sur lequel elle est allouée.	EN SÉJOUR. Temps que l'allocation ne peut excéder.
	« de service qui est régulièrement « autorisé à aller subir les épreu- « ves d'un concours pour la place « d'élève du service de santé mili- « taire, a droit à l'indemnité de « route affectée à son grade mili- « taire, tant pour l'aller que pour « le retour à son corps ; il a droit « à la même indemnité pour se « rendre à l'hôpital militaire d'ins- « truction, quand il y est admis « en qualité d'élève par décision « ministérielle. « Le jeune soldat immatriculé « dans un dépôt de recrutement, « comme faisant partie d'une classe « rappelée à l'activité, jouit de la » même faveur dans les deux posi- « tions déterminées au paragra- « phe qui précède. » (2e sem. 1842, p. 165.) **POSITIONS** *Reconnues depuis la publication de l'ordonnance du 20 décembre 1837.*		
1	A tout chef de corps accompagnant (en vertu d'un ordre spécial qui doit rester annexé à la feuille de route) un inspecteur-général hors du département dans lequel est stationnée la portion princi- pale du corps. R.........	Simple.	
2	Aux officiers supérieurs, aux capitai- nes instructeurs, aux chirurgiens- majors et aux vétérinaires en pre- mier des corps de cavalerie al- lant, en vertu d'ordres spéciaux, approuvés par les maréchaux de camp, faire des tournées dans les		

NUMÉROS D'ORDRE.	ACTIVITÉ. OFFICIERS DE TOUTES ARMES.	INDEMNITÉ.	
		EN MARCHE. Pied sur lequel elle est allouée.	EN SÉJOUR. Temps que l'allocation ne peut excéder.
	cantonnements, en exécution du septième paragraphe de la décision ministérielle du 24 avril 1841, pourvu toutefois que leur absence dure plus d'un jour. R. ------------------	Simple.	
3	Aux commandants des dépôts et des succursales de dépôt de remonte, effectuant les tournées annuelles, dans le cas prévu par l'article 61 du règlement du 23 mars 1837 sur le service de la remonte générale. R. ---------	Simple.	
4	Aux majors et aux officiers comptables de corps qui se déplacent, par ordre supérieur, pour assister aux revues trimestrielles. R. --------------------	Simple.	
5	Aux officiers du corps royal d'état major chargés d'exécuter des travaux topographiques à une distance de plus de 12 kilomètres de leur résidence. R. ---------		
	« Dans les cinq positions qui précèdent, l'indemnité de séjour « n'est jamais allouée. » (1er sem., p. 80.)		
6	Aux officiers proposés par les inspecteurs-généraux pour des emplois d'adjoint de première et de deuxième classe de l'intendance militaire, appelés devant une commission d'examen. R. (2e sem. 1843, p. 163.) --------------	Simple.	
7	Aux officiers de santé allant, en		

NUMÉROS D'ORDRE.	ACTIVITÉ. OFFICIERS. DE TOUTES ARMES.	INDEMNITÉ.	
		EN MARCHE. Pied sur lequel elle est allouée.	EN SÉJOUR. Temps que l'allocation ne peut excéder.
	vertu d'autorisation ministérielle et avec des congés à solde entière, subir des examens pour se faire graduer devant les facultés de médecine, ou se faire recevoir maîtres en pharmacie. R. (1er sem. 1840, p. 15 et 109.)	Simple.	

SOUS-OFFICIERS
ET
SOLDATS DE TOUTES ARMES ET GAGISTES.

NUMÉROS D'ORDRE.	ACTIVITÉ.	EN MARCHE.	EN SÉJOUR.
41 42	Recrues et remplaçants { Se rendant au lieu de rassemblement. Se rendant au corps auquel ils sont destinés	Simple.	La veille du départ des détachements (a).
43 44	Engagés volontaires. { Se rendant au corps Renvoyés comme impropres au service.	Simple. Simple.	
45	Passant d'une destination à une autre, pourvu que la mutation ne résulte pas d'une demande formée par eux, soit pour permuter, soit pour changer de corps ou de résidence (1)	Simple.	

(a) L'indemnité n'est pas due pour les jours antérieurs au jour de la revue. (Voir l'art. 18.)

(1) Si l'ordre ou la lettre de service ne mentionne pas expressément le fait de la demande, l'indemnité est allouée.

TABLEAU DES POSITIONS.

NUMÉROS D'ORDRE.	ACTIVITÉ. OFFICIERS DE TOUTES ARMES.	INDEMNITÉ.	
		EN MARCHE. Pied sur lequel elle est allouée.	EN SÉJOUR Temps que l'allocation ne peut excéder.
46	Congédiés par réforme ou renvoi.	Simple.	
47	Rentrant dans leurs foyers par congé illimité ou définitif	Simple.	
48	Rappelés de la réserve.........	Simple.	
49	Admis à la retraite (*)	Double.	
	« Tout militaire appartenant comme soldat, gendarme, caporal ou brigadier, à une compagnie de sous-officiers vétérans, reçoit, pour se rendre dans ses foyers, la double indemnité de route attribuée au grade selon lequel aura été établie la liquidation de sa pension. (1er sem. 1842, p. 58.)		
50	Voyageant sur l'ordre de l'autorité supérieure compétente, pour exécuter un service militaire: R..	Simple.	
51	Les mêmes, lorsque l'ordre émané d'un officier-général ou d'un intendant-militaire, et qu'en outre il mentionne expressément qu'ils doivent voyager par urgence......	Double. (2)	
	« L'ordre qu'ils peuvent recevoir « de voyager par urgence, les oblige « à franchir deux étapes ou distances « légales par jour. » (1er s. 1839, p. 336.)		
52	Les mêmes, séjournant en route ou à destination d'après l'ordre d'un officier-général ou d'un intendant militaire	....	Les séjours fixés par l'ordre.

(*) Les dispositions du n° 11 leur sont entièrement applicables. (2e sem. 1843, p. 400.)

(2) L'indemnité n'est que simple si les moyens de transport sont fournis.

TABLEAU DES POSITIONS.

NUMÉROS D'ORDRE.	ACTIVITÉ. SOUS-OFFICIERS ET SOLDATS DE TOUTES ARMES ET GAGISTES.	INDEMNITÉ.	
		EN MARCHE. Pied sur lequel elle est allouée.	EN SÉJOUR. Temps que l'allocation ne peut excéder.
53	Les mêmes, lorsque leur mission a pour objet d'aller procéder, d'après un itinéraire spécial aux appels de la réserve dans les cantons ou communes. R. (1). - - - - - - - - -	Double. (b)	
54	Se rendant aux hôpitaux ou aux eaux. R - - - - - - - - -	Simple.	
55	Évacués d'un hôpital sur un autre.	Simple.	
56	Se rendant par congé temporaire, dans leur famille, à leur sortie de l'hôpital, après avoir été signalés par les officiers de santé, comme ayant un besoin urgent et indispensable de respirer l'air natal (2) - - - - - - - - -	Simple.	
57	En semestre ou en congé, recevant, avant l'expiration de leur permission, l'ordre de rejoindre leur corps ou une destination quelconque - - - - - - - - -	Simple.	
58	Rejoignant, à l'expiration de leur semestre ou congé, la nouvelle		

(b) L'indemnité n'est que simple si les moyens de transport sont fournis.

(1) Le quatrième paragraphe de l'art. 17, indique sur quelle base doit être décomptée l'indemnité, dans le cas particulier auquel est applicable l'art. 19.

(2) L'allocation n'a lieu qu'à l'égard des militaires que le sous-intendant reconnaît, après information, être absolument dépourvus de moyens pécuniaires. Il en est rendu compte au ministre par l'intermédiaire de l'intendant militaire.

TABLEAU DES POSITIONS.

NUMÉROS D'ORDRE.	ACTIVITÉ. SOUS-OFFICIERS ET SOLDATS DE TOUTES ARMES ET GAGISTES.	INDEMNITÉ.	
		EN MARCHE. Pied sur lequel elle est allouée.	EN SÉJOUR. Temps que l'allocation ne peut excéder.
	destination qui leur est assignée ou celle qu'a reçu leur corps pendant leur absence, mais seulement si le trajet qu'ils ont à faire est plus long que la distance qu'ils auraient eu à franchir pour se rendre à l'ancienne garnison (1)	Simple.	
59	Ne trouvant plus leur corps dans le lieu désigné comme destination par leur feuille de route	Simple.	
60	Rejoignant après être restés en arrière de leur corps d'après un ordre ou pour cause de maladie constatée	Simple.	
61	Revenant d'une armée outre-mer, d'après un ordre ou par congé de convalescence (2) R.	Simple.	
	« Voir l'explication du n° 26, exactement applicable à l'art. 61. « Voir en outre l'art. 9 des positions « reconnues depuis la publication « de l'ordonnance. »		
62	Renvoyés dans l'intérieur comme hors d'état de faire un service actif	Simple.	
63	Rentrant en France après captivité, naufrage ou tout autre événement extraordinaire	Simple.	
64	Appelés au chef-lieu de la division ou du département pour y recevoir la décoration. R.	Simple.	

(1) L'indemnité est due pour le nombre de gites excédant la distance du point de départ à l'ancienne garnison.

(2) L'indemnité leur est due pour se rendre du port de débarquement au lieu de leur résidence.

TABLEAU DES POSITIONS.

NUMÉROS D'ORDRE.	ACTIVITÉ. SOUS-OFFICIERS ET SOLDATS DE TOUTES ARMES ET GAGISTES.	INDEMNITÉ.	
		EN MARCHE. Pied sur lequel elle est allouée.	EN SÉJOUR. Temps que l'allocation ne peut excéder.
65	Mis en liberté après jugement....	Simple.	
66	Appelés à faire partie temporairement, et hors de leur résidence, d'un tribunal militaire (sous-offi.)	Simple.	Le jour où finit la mission (a).
67	Appelés hors de leur résidence en témoignage devant un tribunal civil ou militaire (1) R.......	Simple.	Le jour où il cesse d'être retenu. (a).
68	Laissés en arrière de leur corps pour les soins à donner aux chevaux malades....	....	Le temps de séjour obligé.
69	Retenus dans une place pour attendre les moyens de transport.	....	La veille du départ.
70	Tenus en séjour dans un port....	....	Le jour de l'embarquement.
71	Faisant quarantaine.......	....	Le jour où expire la quarantaine (a).
72	Déserteurs (y compris les marins). { Graciés ou amnistiés rejoignant un corps........	Simple.	
73	Déserteurs (y compris les marins). { Renvoyés à l'expiration de leur peine.	Simple.	

POSITIONS
Reconnues depuis la publication de l'ordonnance du 20 décembre 1837.

| 1 | Allant, en vertu d'autorisation ré- | | |

(1) L'indemnité n'est due, tant en route qu'en séjour, aux militaires qui témoignent devant les tribunaux civils, que sur la justification qu'il ne leur en a point été et ne leur en sera point allouée sur les frais de justice.

(a) L'indemnité n'est allouée que sur la production d'un certificat de l'autorité compétente constatant le fait.

TABLEAU DES POSITIONS.

NUMÉROS D'ORDRE.	ACTIVITÉ. SOUS-OFFICIERS ET SOLDATS DE TOUTES ARMES ET GAGISTES.	INDEMNITÉ.	
		EN MARCHE. Pied sur lequel elle est allouée.	EN SÉJOUR. Temps que l'allocation ne peut excéder.
	gulière, subir les examens pour être admis à l'École polytechnique ou à l'École spéciale Militaire de Saint-Cyr (1). ‑ ‑ ‑ ‑ ‑ ‑	Simple.	
2	Se rendant à l'une ou à l'autre de ces deux Écoles, lorsqu'ils y ont été admis. (2e sem. 1839, p. 305.)	Simple.	
3	Se rendant au lieu où siège le conseil d'administration et devant le sous-intendant militaire, pour signer leur acte de rengagement, (1er sem. 1840, p. 112.) R. ‑ ‑ ‑ ‑	Simple.	
4	Rentrant librement à leur corps après avoir subi dans une prison externe, une peine disciplinaire. (1er sem. 1840, p. 211.) ‑ ‑ ‑ ‑ ‑	Simple.	
5	Allant conduire des chevaux de remonte aux corps de troupe à cheval en cas d'insuffisance de l'effectif des détachements régimentaires. (1er sem. 1842, p. 80 et 165.) ‑ ‑ ‑ ‑ ‑ ‑ ‑ ‑ ‑	Simple.	Les séjours du détachement. (a)
6	Nommés à des emplois vacants dans le personnel des gardes forestiers et dans celui des douanes (2). (1er sem. 1842, p. 164) ‑ ‑ ‑ ‑	Simple.	
7	De la gendarmerie départementale		

(a) Les séjours constatés par l'itinéraire.

(1) L'indemnité est due pour le retour, sur la production d'un certificat constatant qu'ils ont concouru.

(2) L'indemnité est due de leur corps jusqu'à leur nouvelle destination.

NUMÉROS D'ORDRE.	ACTIVITÉ. SOUS-OFFICIERS ET SOLDATS DE TOUTES ARMES et GAGISTES.	INDEMNITÉ.	
		EN MARCHE. Pied sur le- quel elle est allouée.	EN SÉJOUR. Temps que l'allo- cation ne peut excéder.
	ou de la garde municipale de Paris, se rendant à leur destination, par suite de leur radiation des contrôles, en vertu d'un ordre ministériel, y compris les démissionnaires. (2e sem. 1842, p. 240; 1er sem. 1844, p. 170.)	Simple.	
8	Ceux autorisés à rester en Afrique, lors de leur libération du service militaire, conservent pendant deux années, aux conditions déterminées par la décision ministérielle du 21 février 1843, le droit à l'indemnité de route, du port de débarquement dans leurs foyers. (1er sem. 1843, p. 57.)	Simple.	
9	Ceux en congé provisoire de libération et de semestre, et ceux faisant partie de la réserve proprement dite, reconnus atteints de maladies vénériennes ou cutanées, dirigés sur les hôpitaux civils ou militaires. R. (1er sem. 1843, p. 524.)	Simple.	
10	Jeunes soldats appelés à l'activité qui obtiennent, par suite de la revue de l'officier-général commandant chaque département des congés de renvoi (1)	Simple.	
11	Les mêmes, dans la même position, obtenant un sursis de départ pour cause de maladies ou infirmités (2)	Simple.	

(1) L'indemnité leur est due pour le retour dans leurs foyers.

(2) L'indemnité leur est due pour se rendre dans leurs foyers et pour se rendre au chef-lieu pour y passer une nouvelle revue.

TABLEAU DES POSITIONS.

NUMÉROS D'ORDRE.	ACTIVITÉ. SOUS-OFFICIERS ET SOLDATS DE TOUTES ARMES ET GAGISTES.	INDEMNITÉ.	
		EN MARCHE. Pied sur lequel elle est allouée.	EN SÉJOUR. Temps que l'allocation ne peut excéder.
	« Les mêmes, dans la même position, obtenant un sursis de départ pour affaires personnelles, n'ont droit à aucune indemnité. (1er sem. 1842, p. 148.)		
	ENFANTS DE TROUPES.		
74	Dans les mêmes positions que les sous-officiers et soldats, sauf le cas de leur renvoi, s'il a pour cause le refus de servir à l'Age prescrit.............	Simple.	
	BLANCHISSEUSES VIVANDIÈRES.		
75	Congédiées, ou quittant le corps par suite de réforme, admission à la retraite au décès de leur mari.................	Simple.	
76	Rentrant des prisons de l'ennemi.	Simple.	

NON-ACTIVITÉ.

MILITAIRES ET AUTRES

N'appartenant pas aux cadres constitutifs de l'armée.

NUMÉROS D'ORDRE.	MILITAIRES ET EMPLOYÉS MILITAIRES.	EN MARCHE.	EN SÉJOUR.
77	Conduisant des recrues ou des prisonniers de guerre, ou escortant un convoi. R.............	Simple.	Les séjours du détachement ou du convoi (a).

(a) L'indemnité n'est allouée que sur certificat de l'autorité compétente constatant le fait.

TABLEAU DES POSITIONS.

NUMÉROS D'ORDRE.	NON-ACTIVITÉ. MILITAIRES ET AUTRES N'APPARTENANT PAS AUX CADRES CONSTITUTIFS DE L'ARMÉE.	INDEMNITÉ.	
		EN MARCHE. Pied sur lequel elle est allouée.	EN SÉJOUR. Temps que l'allocation ne peut excéder.
78	Appelés hors de leur résidence en témoignage devant un tribunal civil ou militaire. R............	Simple.	Le jour où il cesse d'être retenu (*a*).
79	Envoyés devant un conseil d'enquête hors de leur résidence. R.	Simple.	
	OFFICIERS, SOUS-OFFICIERS ET **SOLDATS INVALIDES** DE LA GUERRE (1).		
80	Passant de leurs corps ou de leurs foyers à l'hôtel des Invalides ou à la succursale (2)............	Double.	
81	Congédiés de l'hôtel ou de la succursale, se retirant dans leurs foyers............	Double.	
82	Sortant une seconde fois de ces établissements............	Simple.	
83	Passant de l'hôtel à la succursale et *vice versâ* (3)............	Double.	

(1) Les officiers invalides n'ont droit qu'à l'indemnité du grade sur lequel a été réglée leur pension de retraite.

(2) L'indemnité n'est que simple si les moyens de transport sont fournis.

(3) Dans cette position seulement, ceux qui sont revêtus d'un grade honoraire, reçoivent l'indemnité attribuée à ce grade. L'indemnité n'est que simple si les moyens de transport sont fournis.

(*a*) L'indemnité n'est allouée que sur certificat de l'autorité compétente constatant le fait.

TABLEAU DES POSITIONS.

NUMÉROS D'ORDRE.	NON-ACTIVITÉ. MILITAIRES ET AUTRES N'APPARTENANT PAS AUX CADRES CONSTITUTIFS DE L'ARMÉE.	INDEMNITÉ.	
		DE MARCHE. Pied sur lequel elle est allouée.	**DE SÉJOUR.** Temps que l'allocation ne peut excéder.
84	Réadmis à l'hôpital ou à la succursale après être rentrés dans leurs foyers	Simple.	
85	Allant aux eaux (1) R.	Double.	
86	Appelés hors de leur résidence, en témoignage devant un tribunal militaire. R.	Simple.	Le jour où il cesse d'être retenu (a).
87	Se rendant à la station télégraphique où ils sont employés. R. . . .	Simple.	
	SOUS-OFFICIERS ET SOLDATS DE LA RÉSERVE.		
88	Conduisant des recrues ou des prisonniers de guerre, ou escortant un convoi. R.	Simple.	Les séjours du détachement ou du convoi.
89	Appelés hors de leur résidence en témoignage devant un tribunal militaire. R.	Simple.	Le jour où il cesse d'être retenu (a).
	OFFICIERS, SOUS-OFFICIERS ET SOLDATS DE LA GARDE NATIONALE.		
90	Escortant des prisonniers de guerre ou un convoi. R.	Simple.	Les séjours du détachement ou du convoi.

(1) L'indemnité n'est que simple si les moyens de transport sont fournis.

(a) L'indemnité n'est allouée que sur certificat de l'autorité compétente constatant le fait.

TABLEAU DES POSITIONS.

NUMÉROS D'ORDRE.	NON-ACTIVITÉ. MILITAIRES ET AUTRES N'APPARTENANT PAS AUX CADRES CONSTITUTIFS DE L'ARMÉE.	INDEMNITÉ.	
		EN MARCHE. Pied sur lequel elle est allouée.	EN SÉJOUR. Temps quel'allocation ne peut excéder.
	OFFICIERS, SOUS-OFFICIERS ET SOLDATS DE LA GARDE MUNICIPALE DE LA VILLE DE PARIS.		
91	Se déplaçant sur l'ordre du ministre de la guerre. R........... (Voir l'art. 8 des positions reconnues depuis la publication de l'ordonnance.)	Simple.	
	OFFICIERS DE SANTÉ DES HOSPICES CIVILS (1).		
92 93	Accompagnant une évacuation R. Requis pour tout autre service militaire exigeant un déplacement R............................	Simple. Simple.	Les séjours de l'évacuation.

(1) L'indemnité est pour tous indistinctement de 2 fr. 50 c. par distance légale ou séjour.

TABLEAU DES POSITIONS.

NUMÉROS D'ORDRE.	NON-ACTIVITÉ. MILITAIRES ET AUTRES N'APPARTENANT PAS AUX CADRES CONSTITUTIFS DE L'ARMÉE.	INDEMNITÉ.	
		EN MARCHE. Pied sur lequel elle est allouée.	EN SÉJOUR. Temps que l'allocation ne peut excéder.
	VEUVES ET ORPHELINS DES MILITAIRES ET EMPLOYÉS MILITAIRES (1).		
94	La veuve, ou à son défaut l'enfant unique ou l'aîné des orphelins du défunt, dans le cas seulement où son décès a eu lieu, soit à une armée outre-mer, soit dans les prisons de l'ennemi où ils ont partagé sa captivité (2)........	Simple.	
95	Les orphelins du même, voyageant avec leur mère (3)..........	Simple.	
96	Les orphelins du même, voyageant sans leur mère..........	Simple.	

(1) L'indemnité est allouée aux veuves et aux orphelins, depuis le lieu de débarquement ou la frontière, jusqu'à destination.

(2) Cette indemnité et celle du grade du militaire décédé.

(3) Chaque orphelin n'a droit qu'à l'indemnité de soldat (2 f.), excepté l'aîné qui reçoit celle du grade de son père dans le second cas seulement, n° 96.

TABLEAU DES POSITIONS.

NUMÉROS D'ORDRE.	NON-ACTIVITÉ. MILITAIRES ET AUTRES N'APPARTENANT PAS AUX CADRES CONSTITUTIFS DE L'ARMÉE.	INDEMNITÉ.	
		EN MARCHE. Pied sur lequel elle est allouée.	EN SÉJOUR. Temps que l'allocation ne peut excéder.
	INDIVIDUS PRÉSUMÉS DÉSERTEURS.		
97	Mis en liberté (1)	Simple.	
	PRISONNIERS DE GUERRE ET RÉFUGIÉS MILITAIRES ÉTRANGERS (2).		
98	Se rendant de la frontière au dépôt ou à la résidence qui leur est assignée	Simple.	
99	Allant du dépôt à l'hôpital. R . . .	Simple.	
100	Partant pour rentrer dans leur patrie	Simple.	

(1) L'indemnité leur est due pour la distance du lieu de leur détention à celui de l'arrestation.

(2) L'indemnité ne peut être allouée aux prisonniers et aux réfugiés que d'après les instructions préalables du ministère de la guerre.

649. *D* Comment doit-on calculer les distances donnant droit à l'indemnité de route?

R. L'indemnité de route est acquise pour chaque distance légale parcourue, ou trajet d'un gîte d'étape à un autre, et pour chaque journée de séjour.

Est réputé distance légale parcourue :

1° Tout trajet de six lieues sur les routes qui ne sont pas lignes d'étapes, y compris le dernier trajet, s'il est de trois lieues au moins;

2° Tout trajet de trois lieues au moins jusqu'à six; lorsqu'il a pour objet de joindre un premier gîte d'étape ou d'aller du dernier jusqu'à destination;

3° Tout déplacement exigeant une marche de trois lieues au moins jusqu'à six, pour se rendre au point assigné, ou de six lieues pour y aller et revenir le même jour;

4° Pour les militaires ou employés militaires remplissant une mission, d'après un itinéraire spécial ; — Tout trajet de six lieues sur la route tracée par l'itinéraire. Le décompte est établi sur la feuille de route, par le sous-intendant militaire qui la délivre, d'après le nombre total de lieues à parcourir pour l'aller et le retour; si la supputation donne une fraction du diviseur, de trois lieues au moins, cette fraction est comptée comme distance légale. Les séjours sont aussi compris dans le décompte lorsque l'itinéraire les désigne.

5° Pour les militaires ou employés militaires ayant une traversée de mer à faire pour se rendre à destination. — Tout trajet de six lieues en mer, par la ligne la plus directe. Cependant, si la traversée entière est de moins de six lieues, elle est comptée comme distance légale.

L'indemnité n'est allouée que sur un certificat délivré par le commandant militaire ou le commissaire de l'inscription maritime du port d'embarquement, constatant que le transport n'a pu être effectué par un bâtiment de la marine royale ou un navire nolisé pour le compte de l'Etat.

650. Les jours d'arrivée et de départ, pendant lesquels un objet de service oblige de stationner dans les localités de la route à parcourir, peuvent, mais seulement d'après les instructions ou l'approbation préalable du ministre, donner lieu à l'allocation cumulative de l'indemnité pour la marche et pour la station, en comptant celle-ci comme une journée de séjour (1).

651. Il n'est fait aucun rappel d'indemnité au profit du militaire qui, sans empêchement légitime dûment constaté, n'arrive à destina-

---

(1) La position définie sous les n° 15 et 53, offre ce cas de cumul.

tion qu'après l'époque fixée par sa feuille de route, ou par l'ordre dont il est porteur, s'il voyage par urgence (1).

Toutefois cette disposition n'est applicable à ceux qui rentrent dans leurs foyers pour quelque motif que ce soit, qu'autant qu'ils ne se présentent pas à l'autorité du lieu de leur destination dans le délai d'un mois, à dater du dernier jour de leur itinéraire.

652. L'indemnité qui n'a pas été touchée au point de départ ou pendant la route doit, sous peine de déchéance, être réclamée dans les cinq jours de l'arrivée à destination, au sous-intendant militaire de la place, ou, dans les quinze jours, à celui de la résidence la plus voisine dans la division, s'il n'existe pas d'officier de l'intendance dans la division.

DEUXIÈME LEÇON.

Avances en argent et fournitures d'effets.

653. *D.* Quelles sont les avances qui peuvent être faites aux militaires marchant isolément?

R. Les militaires en activité voyageant isolément dans un intérêt de convenance ou d'utilité personnelle, c'est-à-dire pour une cause ne constituant pas le droit à l'indemnité de route, peuvent recevoir, dans un cas d'urgence, et sauf imputation ultérieure sur leur solde ou sur leur masse :

1° Une avance en argent égale à l'indemnité de route de leur grade, pour subvenir aux frais de leur voyage jusqu'à destination;

2° Une autre avance en effets de petit équipement.

La disposition qui fait l'objet de ce dernier paragraphe s'applique seulement aux sous-officiers et soldats.

654. Les sous-officiers et soldats rentrant dans leurs foyers par congé définitif, réforme ou retraite, et ceux qui, n'appartenant plus à l'activité, sont accidentellement appelés à faire un service militaire, ne peuvent prétendre à aucune fourniture d'effets de petit équipement.

655. *D.* Quelle est la nature des effets à distribuer ?

R. Les effets de petit équipement dont la distribution est autorisée consistent en chemises, souliers et guêtres.

656. *D.* Dans quel cas et à qui les avances en argent et en effets peuvent-elles être autorisées ?

R. Il ne doit être autorisé d'avances en argent, qu'en faveur des militaires qui, n'ayant pas droit à l'indemnité de route, ne pourraient, sans ce secours, se rendre à leur destination.

____

(1) L'ordre d'urgence ne peut obliger les militaires et employés, dont l'indemnité de route est inférieure à celle que le tarif attribue au grade de sous-lieutenant, à franchir au-delà de deux étapes ou distances légales par jour.

Les fournitures d'effets de petit équipement, ne se font qu'en faveur dessous-officiers et soldats isolés (y compris les recrues et les enrôlés volontaires) qui sont reconnus en avoir un besoin indispensable pour faire ou continuer leur route, et pour ceux qui, faisant partie d'un détachement, en sont absolument dépourvus.

TROISIÈME LEÇON.

Du paiement des mandats.

657. **D.** Comment sont acquittés les mandats d'avances et de fournitures d'effets?

D. Ces mandats sont payés par les payeurs de département, et, à leur défaut, par les receveurs d'arrondissement ou les percepteurs communaux.

658. Ils ne peuvent être payés que par les payeurs receveurs ou percepteurs qui y sont désignés.

659. Ils sont présentés au payeur ou à ses suppléans, et les ordres de fourniture au distributeur, dans le jour même, ou au plus tard le lendemain du jour de leur délivrance aux parties prenantes.

Toutefois le délai de présentation à l'acquittement est de dix jours pour les mandats d'indemnité de route dont les titulaires se trouvent dans le lieu de leur destination.

660. Les mandats destinés au paiement du prix des effets délivrés, doivent être présentés par le distributeur à la caisse du payeur ou de ses suppléans, dans les cinq jours de leur date.

661. Les mandats présentés à l'acquittement après le terme fixé par les articles qui précèdent, ne peuvent être payés par les agens du trésor qu'à la réquisition du sous-intendant militaire.

Si le retard provient d'une cause indépendante de la volonté du titulaire du mandat, le sous-intendant militaire peut en autoriser le paiement. Dans le cas contraire, il en réfère à l'intendant divisionnaire, qui en prescrit l'acquittement, prononce la déchéance, ou prend les ordres du ministre si le cas l'exige.

QUATRIÈME LEÇON.

Tarifs des indemnités de route.

662. Tarif de l'indemnité de route par étape ou distance légale et par journée de séjour.

Capitaine de toutes armes. . . . . 3 f. » c.

Lieutenans et sous-lieutenans, idem. 2 50
Adjudant sous-officier. 1 50
Sergent-major ou maréchal-des-logis-chef. 1 25
Sergent ou maréchal-des-logis et fourriers. 1 25
Caporal ou brigadier. . . . . 1 »
Brigadier élève fourrier. . . . . 1 »
Soldat. . . . . 1 »
Chef artificier des régimens d'artillerie. 1 25
Artificier, dans les régimens d'artillerie. . . . . . 1 »
Ouvrier en fer et en bois, d'artillerie. . . . . . . 1 »
Maître constructeur dans les pontonniers. 1 25
Maître ouvrier, ouvrier apprenti, dans les compagnies
d'ouvriers d'artillerie. . . . . 1 »
Artificier ou maître ouvrier, maître ouvrier et ouvrier
des régimens du génie. . . . . 1 »
Vétérinaires principaux et en premier. 2 50
Aide et sous-aide vétérinaire. 1 50
Tambour-major et maréchal-des-logis trompette. . . 1 25
Tambour-maître, caporal-tambour, caporal-clairon, bri-
gadier-trompette et musicien instrumentiste. . . . . 1 »
Maîtres ouvriers des corps. 1 25
Enfans de troupes. . . . . 1 »
Blanchisseuses vivandières. . . . . 1 »

Nota. Le soldat, gendarme, caporal ou brigadier appartenant à
un corps de sous-officiers vétérans, admis à la retraite, reçoit pour se
rendre dans ses foyers, la double indemnité de route du grade selon
lequel sa pension est liquidée. (1er sem. 1842, p. 88.)

663. *Tarif de l'indemnité de route des marins et des équipages
de ligne.*

Premier maître de manœuvre, de canonnage et de ti-
monnerie de 1re ou de 2e classe. . . . . 2 f. 50 c.
Maître de charpentage, de calfatage et de voilerie, de
1re ou de 2e classe. 2 50
Capitaine d'arme de 1re ou de 2e classe. 2 50
Maître armurier-forgeron de 1re ou de 2e classe. . . 2 50
Second maître de manœuvre, de canonnage et de ti-
monnerie, de 1re ou de 2e classe. 1 50
Second maître de charpentage, de calfatage et de voile-
rie, de 1re ou de 2e classe. 1 50
Capitaine d'arme de 3e classe. 1 50
Fourrier de 1re ou de 2e classe. 1 50
Quartier-maître de manœuvre, de canonnage et de ti-
monnerie, de 1re ou de 2e classe. . . . . 1 »
Quartier-maître ou aide de charpentage, de calfatage et
de voilerie, de 1re ou de 2e classe. . . . . 1 »

Matelots de 1re, 2e ou 3e classe. 1
Ouvriers de professions maritimes. 1   »
Apprentis marins. 1   »
Mousses. 1   »

Nota. Ce tarif est extrait de l'ordonnance du 11 octobre 1836 sur l'organisation des équipages de ligne, et la décision du 12 mai 1839.

TITRE V.

Des convois militaires et de la délivrance des feuilles de route.

PREMIÈRE LEÇON.

Des convois proprement dits.

664. *D.* Quel est l'objet du service des convois?

R. Le service des convois militaires consiste à transporter sur les lignes d'étape et sur tous les points qui y correspondent dans l'intérieur de l'état, les hommes voyageant en troupe ou isolément, ainsi que les mêmes bagages des corps et détachemens. (*Règlement du 31 décembre 1823.*)

665. *D.* Comment s'exécutent les convois?

R. Les fournitures de convois ordonnées par la voie de terre, se font, soit d'un gîte d'étape à un autre dans les cas ordinaires, soit éventuellement d'un point quelconque à l'un de ces gîtes, *et vice versâ*, quelle que soit la distance à parcourir dans l'un comme dans l'autre cas.

666. Qu'est-ce que le service des convois a pour objet de transporter?

R. 1o Les effets d'un usage journalier, ainsi que la caisse, les papiers et les hommes éclopés ou convalescens des corps et détachemens en marche dans l'intérieur ;

2o Les effets, et les hommes éclopés des détachemens de recrues, et des prisonniers de guerre étrangers ;

3o Les militaires blessés, infirmes et convalescens, voyageant isolément ou évacués d'un hôpital sur un autre, ainsi que les femmes et les enfans de troupe des militaires rentrant des colonies ou des prisons de l'ennemi.

667. *D.* Quel est le poids fixé pour chaque voiture de convois?

R. Le poids à transporter pour chaque voiture est fixé comme il suit, savoir :

Voiture à 4 colliers, 750 kil. ou 10 à 12 hommes.
Voiture à 3 colliers, 600 kil. ou 8 à 9 hommes.
Voiture à 2 colliers, 450 kil. ou 5 à 7 hommes.
Voiture à 1 collier, 250 kil. ou 2 à 4 hommes.
Les enfans au-dessous de 12 ans, n'ont droit qu'à une demi-place.

668. *D.* Les militaires et les marins peuvent-ils être transportés ensemble?

R. Les militaires et les marins voyageant librement, sont réunis et transportés sur les mêmes voitures.

Ceux détenus sont également réunis et transportés ensemble, sur des voitures distinctes.

668 bis. *D.* Dans quelle proportion les convois doivent-ils être alloués aux corps et détachemens?

R. Les fournitures de convois militaires à allouer aux détachemens de troupes de toutes armes ne peuvent dépasser les proportions ci-après, savoir :

De 25 à 74 hommes, une voiture à 1 collier.
De 75 à 149 hommes, une voiture à 2 colliers.
De 130 à 299 hommes, une voiture à 3 colliers.
De 300 à 499 hommes, une voiture à 4 colliers.
De 500 hommes et au-dessus, une voiture à 4 colliers et une voiture à 2 colliers.

669 Une troupe, composée de moins de 25 hommes, n'a pas droit aux convois.

670. Chaque bataillon incomplet, chaque cadre de bataillon rentrant des armées, et plusieurs compagnies réunies d'un régiment, sont considérés comme détachement sous le rapport des convois.

Ces diverses troupes n'ont droit aux convois qu'en raison de leur effectif, et d'après le tarif; mais quand l'une d'elles voyage avec la caisse et les papiers de son corps, il lui est alloué, pour le transport spécial de ces objets, un supplément d'une voiture à deux colliers (1).

Infirmes.

672. Chaque bataillon de dépôt reçoit un supplément d'une voiture à un collier pour le transport des infirmes, quels que soient l'effectif du dépôt et le nombre des infirmes.

Les cadres de bataillon n'ont pas droit à ce supplément.

673. Tout détachement qui, après avoir été primitivement composé de vingt-cinq hommes, se trouve réduit à un nombre inférieur pendant sa marche, continue de recevoir des fournitures de convois jusqu'à sa destination, comme s'il avait toujours conservé son effectif.

674. *D.* Dans quel cas les voitures peuvent-elles être converties en chevaux de selle et de bât?

---

(1) Voir ci-après le nouveau Tarif d'allocation des convois.

Dans les pays de montagne, où il y a impossibilité absolue de se servir de voitures, les convois sont exécutés en partie par des chevaux de bât, ou à dos de mulets à raison de 123 kilogrammes pour la charge de chaque bête de somme, et en partie par des chevaux de selle ; de manière qu'il est fourni :

Au lieu d'une voiture à 4 colliers, 6 chevaux de selle et 3 de bât ;

Au lieu d'une voiture à 3 colliers, 4 chevaux de selle et 2 de bât ;

Au lieu d'une voiture à 2 colliers, 3 chevaux de selle et 2 de bât ;

Au lieu d'une voiture à 1 collier, 2 chevaux de selle et 1 de bât.

675. **D.** Quelles sont les positions qui donnent aux militaires isolés droit aux convois ?

Les positions dans lesquelles les militaires isolés ont droit aux convois, sont déterminées ci-après, savoir :

1° Allant aux hôpitaux ou en revenant ;

2° Faisant partie d'un détachement éloigné de plus d'une journée de marche, et appelés à l'infirmerie du corps pour y être traités ;

3° Congédiés avec ou sans solde de retraite se retirant dans leurs foyers ;

4° Allant en congé de convalescence, en congé ou en revenant ;

5° Passant d'un corps dans un autre ;

6° Acquittés par jugement et retournant à leur corps ;

7° Appelés en témoignage et retournant à leur corps ;

8° Revenant des colonies et des prisons de guerre, se rendant, soit dans ses foyers, soit dans le lieu de la destination qui lui est assignée ;

9° Évacués d'un hôpital sur un autre ;

10° Tombés malades en route et dirigés sur l'hôpital le plus proche.

Les militaires placés dans l'une de ces positions, sont transportés à cheval ou en voiture, selon la circonstance ou la nature de leurs infirmités ; mais les hommes escortés par la gendarmerie reçoivent des fournitures particulières.

Le militaire isolé doit produire, indépendamment de sa feuille de route, un certificat de visite, pour justifier de ses droits à des moyens de transport.

DEUXIÈME LEÇON

Des feuilles de route et de leur délivrance.

676. **D.** Quel est l'objet des feuilles de route ?

R. Tout corps ou détachement mis en marche et tout militaire isolé quel que soit son grade, qui doit exécuter un mouvement quelconque, doit être muni d'une feuille de route.

677. **D.** Quels sont les titres nécessaires pour obtenir une feuille de route ?

R. La feuille de route d'un militaire isolé ne doit être délivrée que sur la présentation d'un titre légal, qui est :

L'ordre d'un commandant militaire, le congé ou le billet d'hôpital, si cet homme est militaire ;

Un billet d'hôpital, un congé limité ou autre, un ordre de service, une commission, un brevet ou tout autre acte, qui n'est point une feuille de route, ne peut tenir lieu de celle-ci, ni *servir d'itinéraire*.

678. *D.* Quels sont les fonctionnaires autorisés à délivrer des feuilles de route.

R. Toute feuille nécessaire, soit à un corps ou détachement, soit à un militaire isolé, doit être délivrée par le sous-intendant militaire, dans chaque place où il en réside. Dans toute autre place, en cas d'absence, il est suppléé pour cet objet, par les fonctionnaires, et dans l'ordre ci-après indiqué :

1° Les majors de place, dans une place de guerre de première classe ;

2° Le commandant de place dans toute autre place de guerre ;

3° Les conseillers de préfecture délégués par le préfet, dans un chef-lieu de département ;

4° Le sous-préfet, dans un chef-lieu d'arrondissement ;

5° Enfin les maires, partout ailleurs que dans ces quatre résidences.

679. La feuille de route délivrée par un des quatre premiers suppléans, ne vaut que jusqu'à la résidence la plus voisine d'un sous-intendant militaire, sur la ligne à suivre. Les mandats de toutes espèces sont aussi limités à cette résidence.

680. Le maire ne délivre à chaque militaire isolé, partant en premier lieu de sa résidence, qu'un sauf-conduit, qui lui tient lieu de feuille de route jusqu'au chef-lieu d'arrondissement ou de département le plus voisin, toujours sur la ligne à suivre.

681. Tout ordre de fourniture délivré par le maire n'a d'effet que dans sa résidence, il doit être renouvelé dans chaque gîte.

682. *D.* Quels sont les titres qui donnent droit aux convois ?

R. L'ordre de mouvement ou la feuille de route d'un corps ou d'un détachement, lui suffit pour obtenir l'allocation des convois militaires à laquelle son effectif ou sa composition peut lui donner droit dans chaque gîte.

683. Le militaire isolé doit produire, indépendamment de sa feuille de route, un certificat de visite pour justifier de ses droits à des moyens de transport.

684. Tout homme ayant droit aux convois et partant seul, reçoit le cheval de selle comme moins onéreux que la voiture.

Il est fait exception à cette règle à l'égard du militaire ou marin escorté, lequel est toujours transporté en voiture, même quand il est seul, sauf le cas d'impossibilité.

D. Qu'entend-t-on par fournitures accidentelles ?

R. Tout corps ou détachement de troupe partant d'une commune qui n'est pas gîte d'étape, doit recevoir les moyens de transport qui leur sont dus. A défaut de sous-intendant militaire ou de suppléant, cette fourniture est faite sur l'ordre du maire du point de départ, d'après l'invitation écrite du chef du corps ou du détachement, et sous sa responsabilité. Cet ordre est renouvelé dans chaque gîte par le maire, jusqu'à la résidence la plus voisine d'un des suppléans désignés à l'article 668.

686. Dans les places de garnison ainsi que dans les communes frontières de France où il ne réside ni sous-intendant militaire, ni aucun de ces quatre premiers suppléans, chaque fourniture de convois est faite sur l'ordre du maire, mais seulement aux parties prenantes, appartenant à la garnison, ou à celles qui entrent sur le territoire du royaume, ou enfin à celles qui passent d'un point de la frontière à un autre. Cet ordre est renouvelé aussi dans chaque gîte par le maire, mais seulement jusqu'au chef-lieu d'arrondissement ou de département le plus voisin.

687. Tout sous-officier ou soldat qui tombe malade en route, dans une commune où il ne réside aucun autre suppléant que le maire, doit être transporté sur-le-champ, d'après la visite de l'officier de santé, à l'hôpital militaire ou civil le plus voisin, sur la route qu'il doit suivre.

Les cas prévus ci-dessus sont les seuls où des fournitures accidentelles de convois militaires puissent avoir lieu sur les ordres des maires.

688. *D.* Comment les ordres de convois doivent-ils être remis aux préposés ?

R. Chaque mandat ou ordre de fourniture est porté au préposé par la partie prenante, la veille de son départ, autant que faire se peut.

Quand il s'agit d'une fourniture à faire à un corps entier, le préposé est, autant que possible, prévenu plusieurs jours d'avance, par un avis spécial du sous-intendant.

689. *D.* Quelle est la composition des convois à fournir aux isolés ?

R. D'après les mandats ou ordres de fournitures qu'il a reçus, chaque préposé est tenu de fournir les voitures à *un, deux, trois* ou *quatre* colliers, les chevaux de selle ou de bât qui y sont désignés.

Il peut fournir aussi des diligences, coches, barques et autres moyens auxiliaires de transport, pourvu qu'ils soient jugés convenables et autorisés par le sous-intendant militaire.

690. Les militaires et les marins auxquels il est accordé une place à la voiture, sont réunis et transportés sur la même voiture, lorsqu'ils suivent la même route.

En conséquence il est fourni :

Une voiture à un collier, si le nombre des malades à transporter n'excède pas quatre ;

Une voiture à deux colliers si ce nombre est de cinq à sept ;

Une voiture à trois colliers pour huit à neuf hommes ;

Une voiture à quatre colliers pour dix à douze hommes.

Au-delà de douze hommes, il est fourni une seconde voiture, dont le nombre des colliers est dans la proportion ci-dessus, et ainsi de suite; néanmoins il n'est fourni que deux voitures à deux colliers pour le cas où le nombre à transporter est de treize ou quatorze hommes.

691. Tout militaire obligé de partir seul, et pouvant *aller, indifféremment à cheval ou en voiture*, reçoit un cheval de selle, cette fourniture étant la moins onéreuse.

692. *D.* Peut-on quelquefois tolérer des réductions dans les attelages?

R. Le nombre de deux, de trois ou de quatre colliers n'est pas de rigueur, quand sur les routes pavées ou ferrées, la même charge peut être tirée avec la même célérité par un nombre de chevaux ou de bœufs, suivant l'usage du pays. Toutefois, la réduction ne doit être que d'un cheval pour voiture de chaque espèce.

Cette tolérance ne s'entend que du nombre de chevaux à atteler, et non de la capacité de la voiture, qui doit toujours être en état de recevoir commodément les militaires et les effets à transporter.

Dans le cas de discussions entre les parties prenantes et les préposés, il en est référé au sous-intendant militaire ou à son suppléant qui prononce, et à la décision duquel les parties prenantes et le préposé sont tenus de se conformer.

693. *D.* Quelles sont les heures fixées pour le départ des convois?

R. Du premier octobre au premier avril, les fournitures ne peuvent être exigées des préposés avant six heures ni après huit heures du matin, et pendant les six autres mois de l'année, elles ne peuvent l'être avant quatre heures, ni après neuf heures aussi du matin.

Néanmoins, dans les cas imprévus et urgens, les préposés sont tenus d'exécuter les transports ordonnés.

694. *D.* Quels sont les devoirs des militaires transportés envers les préposés?

R. Il est expressément défendu à tous officiers, sous-officiers et soldats, voyageant en troupe ou en détachement, de surcharger les voitures, d'excéder ou surmener les chevaux, de maltraiter les conducteurs, de menacer ou injurier les fonctionnaires publics, non plus que les préposés au service.

Il est également défendu de s'emparer, pour ajouter aux voitures, d'aucun cheval travaillant à la campagne, ou passant sur la route.

Le commandant du corps ou détachement est chargé, sur sa responsabilité, de réprimer tous les excès ou abus qui pourraient se commettre, et d'en punir les auteurs.

695. Les militaires auxquels il est accordé des moyens de transport, ne peuvent ni s'arrêter ni s'écarter de la route, ni forcer les préposés à doubler la station, ou même à accélérer leur marche.

696. *D.* Quels sont les cas où les autorités peuvent refuser l'exécution du mandat de convois?

R. Tout transport est refusé par le maire au militaire qui, sans motif légitime, ne se présente pas au préposé, le jour fixé par son mandat pour l'exécution de la fourniture et à l'heure convenable.

Semblable refus est fait au militaire qui déclare avoir perdu, soit le certificat d'infirmité qui doit être annexé à sa feuille de route, soit les mandats qui lui ont été délivrés.

Néanmoins, si le militaire paraît être réellement hors d'état de continuer sa route à pied, il est soumis à la visite d'un officier de santé, et conduit à l'hôpital le plus voisin sur sa route.

697. *D.* Quelles sont les peines encourues par les personnes qui vendent leurs mandats de convois?

R. Les rachats de fournitures sont expressément défendus; tout militaire qui a reçu de l'argent en remplacement d'une fourniture ordonnée, est privé du transport pour le reste de la route. Cette fraude est toujours constante, quand un militaire qui a reçu une fourniture est rencontré faisant route à pied, sans être précédé ni suivi de la voiture ou du cheval destiné à son transport.

Il est enjoint à cet effet à la gendarmerie de se faire représenter les feuilles de route des sous-officiers et soldats marchant isolément, ainsi que les mandats de fournitures, dont les conducteurs de convois doivent être pourvus.

698. Lorsqu'un militaire auquel il a été accordé un transport, est rencontré faisant route à pied, il est conduit par devant le commandant de la gendarmerie de la résidence la plus prochaine, qui lui retire les mandats dont il se trouve porteur, et inscrit sur sa feuille de route qu'il doit être privé du transport.

699. *D.* Dans quels cas les femmes et les enfans de troupe participent-ils aux convois?

R. Les femmes et les enfans des militaires rentrant, avec ou sans eux, des colonies ou des prisons de l'ennemi ont droit aux moyens de transport, mais les enfans au-dessous de douze ans n'y participent que pour une demi-place, à moins qu'ils ne voyagent seuls.

700. *TARIF des convois militaires alloués aux troupes de l'armée de terre et de mer, marchant en corps et détachemens.*

EFFECTIF DE LA TROUPE.	ALLOCATIONS A FAIRE.
De 25 à 149 hommes. ...	1 voiture à 1 collier.
150 à 374 » ...	1 » à 2 »
375 à 499 » ...	2 » à 1 »
500 à 624 » ...	1 » à 2 et 1 à 1 collier.
625 à 874 » ...	2 » à 2 colliers.
875 à 999 » ...	1 » à 2 et 2 à 1 collier.
1000 à 1124 » ...	2 » à 2 et 1 à 1 collier.

et ainsi de suite en ajoutant, selon l'effectif, 1 collier par 125 hommes.

Les détachemens de moins de 25 hommes commandés par un officier n'ont pas droit aux fournitures de convois.

Il sera accordé 1 voiture à 1 collier seulement pour le transport de la caisse et des papiers par régiment comme par bataillon ou escadron, ou compagnie formant corps. (Décis. du 27 juin 1849.)

TITRE VI.

Des hôpinaux.

701. D. Quels sont les militaires qui peuvent-être admis dans les hôpitaux ?

R. Tous les militaires et autres individus considérés comme tels, qui jouissent d'une solde d'activité, sont, en cas de maladie, admis dans les hôpitaux militaires, au compte du département de la guerre (du règlement du 1er avril 1831).

Sont aussi admis dans les hôpitaux, au compte du département de la guerre, en cas de maladie :

1° Les officiers percevant un traitement de réforme, lorsqu'ils sont atteints d'infirmités graves résultant des fatigues de la guerre, qui nécessitent de grandes opérations chirurgicales, mais sous les conditions exprimées en l'article suivant ;

2° Les militaires congédiés ou licenciés sans traitement, qui tombent malades en se rendant dans leur foyers, pourvu qu'ils soient dans la direction et les délais prescrits par leur feuille de route ;

3° Les militaires en congé illimité et ceux faisant partie de la réserve, lorsqu'ils justifient, par l'autorité locale, qu'ils sont hors d'état de se faire traiter à leurs frais. Sont admis à cette faveur ceux atteints de la maladie vénérienne. (1er sem, 1842, p. 252.)

702. Les militaires jouissant d'un traitement de réforme ou d'une pension de retraite ne sont admis dans les hôpitaux militaires que sur les propositions des intendans militaires, approuvées par le ministre, ou, en cas d'urgence, d'après l'autorisation des intendans et sous-intendans militaires.

Il en est de même des militaires en congé illimité sans solde, sans que cette faculté puisse s'étendre au-delà du terme auquel ces militaires auraient terminé leur temps de service.

704. *D.* Comment les militaires sont-ils admis dans les hôpitaux ?

R. Les militaires malades ou blessés ne sont reçus dans les hôpitaux militaires qu'après avoir été visités par un officier de santé militaire ou civil, en vertu de l'ordre du sous-intendant militaire.

704. Les billets d'entrée sont délivrés par les officiers de santé qui ont reconnu l'état des malades ; il sont en outre signés, savoir :

1° Pour les individus appartenant aux corps de troupe, par l'officier commandant la compagnie et par le trésorier ou l'officier payeur ;

2° Pour les militaires isolés, par le commandant de la place,—ou, à son défaut, par l'officier de gendarmerie.

Toutefois, des militaires malades ou blessés, ayant besoin de secours urgens, peuvent être reçus dans les hôpitaux sans billets d'entrée ; mais, dans ce cas, le comptable en fait établir un provisoire, qu'il fait signer par le chirurgien de garde, et qu'il soumet au visa du sous-intendant militaire. Ce billet provisoire doit être remplacé le plus tôt possible par un billet d'entrée régulier.

Le billet doit présenter entr'autres indications ;

1° Les noms, prénoms et surnom du malade ;

2° Son grade ou son emploi, et pour les hommes de troupe, le numéro du contrôle annuel et celui du registre matricule du corps ;

3° Le corps dont il fait partie ;

4° La date de sa naissance ;

5° Le lieu de la naissance et le département ;

6° Les noms et résidences de ses père et mère ;

7° La destination qu'il doit recevoir après guérison ;

8° Le détail des effets d'habillement, d'équipement et d'armement.

dont le malade entrant est porteur, doit être soigneusement inscrit au dos du billet d'entrée.

705. Les billets doivent être remplis d'une écriture lisible, sans rature ni surcharge, et les dates doivent y être portées en toutes lettres. Tous les billets d'entrée sont soumis au visa du sous-intendant militaire.

706. Le malade entrant à l'hôpital y fait le dépôt de tous les effets et objets dont il est porteur, à l'exception des mouchoirs et des gilets d'uniforme, qu'on peut laisser aux malades lorsqu'ils demandent à les garder.

707. Le malade reçoit un bonnet de laine, une coiffe, une chemise, une cravate, un pantalon et une paire de pantoufles.

Si le malade a de l'argent ou des bijoux, il doit en faire le dépôt sur un reçu particulier qui lui est délivré.

708. Lorsqu'un militaire traité dans les hôpitaux exprime la volonté de faire des dispositions testamentaires, l'officier d'administration comptable est tenu de lui procurer les moyens d'établir d'une manière régulière les actes spécifiés au chap. 2, titre 2, livre 3 du Code civil.

709. *D.* Quelle est la discipline à observer par les militaires dans les hôpitaux?

R. Tout militaire malade ou blessé, traité dans un hôpital militaire, est sous la police du sous-intendant militaire. Il doit, en outre, obéir aux injonctions qui lui sont faites par les officiers de santé et les officiers d'administration, en tout ce qui concerne son traitement et le bon ordre de l'établissement.

710 Il est enjoint aux militaires malades de traiter les infirmiers avec douceur, et de ne jamais les injurier, lors même qu'ils auraient à se plaindre de leur service. Ils doivent, dans ce cas, en instruire le comptable, qui punit l'infirmier.

711. Il est expressément défendu aux malades et blessés de fumer dans les salles, et d'avoir ni armes, ni poudre à tirer, ni dés, ni cartes à jouer; de se coucher sur les lits avec leurs souliers, de ne rien faire de contraire à la propreté des salles; enfin, ils ne doivent se permettre aucun cri, chant ou récit qui puisse troubler le bon ordre et nuire au repos de leurs camarades.

Tous les jeux à prix d'argent leur sont également interdits, ainsi que tout trafic ou échange d'alimens.

712. Aucun malade ne peut, sous quelque prétexte que ce soit, entrer dans la cuisine, dépense, pharmacie, magasins de l'hôpital et autres établissemens accessoires.

713. Tous les malades sont tenus de se conformer exactement aux défenses qui peuvent leur être faites de sortir des salles, s'ils sont atteints de maladies contagieuses.

714. Tous les malades d'une salle sont responsables des dégâts qui peuvent y être commis, à moins que les auteurs n'en soient signalés,

ou qu'il ne soit reconnu que ces dégâts proviennent d'une cause indépendante de leur volonté.

715. Les malades qui ont commis quelques fautes sont mis à la salle de police par ordre du sous-intendant militaire, lorsque l'officier de santé juge que leur état de santé le permet; ils peuvent être en outre punis par la privation des alimens et des boissons, que les officiers de santé indiquent comme pouvant leur être retranchés sans inconvénient.

716. *D.* Quelles sont sont les mesures de police dans les hôpitaux?

R. En cas de violences ou de voies de fait exercées, soit de la part des malades, soit par toute autre personne, le commandant du poste prête main-forte pour arrêter la perturbation. —

717. Un sous-officier, que les différens corps de la garnison fournissent à tour de rôle, est commandé chaque jour pour être de planton à l'hôpital pendant vingt-quatre heures.

718. Les sous-officiers de planton se conforment à la consigne imprimée et affichée à la porte de la cuisine; ils se conforment en outre aux ordres qui leur sont donnés par le sous-intendant, pour le maintien de la police intérieure de l'hôpital.

719. Lorsqu'un sous-officier de planton croit avoir quelques observations à faire, soit sur la pesée de la viande à mettre à la marmite, soit sur celle des portions d'alimens préparées pour la distribution, il s'adresse au comptable; et, s'il n'est pas fait droit à ses observations, il en fait son rapport par écrit au sous-intendant militaire.

720. *D.* Quels sont les militaires qui sont susceptibles d'être envoyés dans les établissemens thermaux et les formalités à remplir?

R. Tous les militaires en activité de service, depuis le soldat jusqu'au capitaine inclusivement, peuvent être envoyés aux eaux, lorsqu'ils sont dans le cas d'en faire usage, sans autorisation préalable du ministre de la guerre.

721. Il ne peut être reçu de demandes passé le premier avril pour la première saison, et le premier juin pour la seconde.

722. Les officiers de santé qui ont constaté le besoin du traitement des eaux, délivrent à chaque militaire, au moment de son départ, un certificat individuel qui indique la nature de sa maladie.

723. Les certificat remis aux militaires, conformément à l'article précédent, sont remis, à leur arrivée, aux officiers de santé en chef de l'hôpital des eaux. (*Par suite de nouvelles dispositions, ces certificats sont envoyés par les sous-intendans*).

Les sous-officiers et soldats qui ont fait usage des eaux sont tenus, à leur retour au corps, de produire à leurs chefs un certificat indiquant leur conduite à l'hôpital. Ces certificats sont délivrés par le sous-intendant militaire chargé de la police de l'hôpital, d'après le rapport des officiers de santé en chef et de l'officier d'administration comptable.

CINQUIÈME PARTIE.

DES RETRAITES ET DES PENSIONS.

PREMIÈRE LEÇON.

Pension pour ancienneté de service.

724. D. A quelle époque acquiert-on le droit à la pension, et comment s'établit ce droit?

R. Le droit à la pension de retraite pour ancienneté, est acquis à trente ans de service effectif (*loi du 11 avril 1832.*)

725. Les années de service pour la pension militaire de retraite, se comptent de l'âge où la loi permet de contracter un engagement volontaire.

726. Le service des marins incorporés dans l'armée de terre leur est compté pour le temps antérieur à cette incorporation, d'après les lois qui régissent l'armée de mer.

727. Est compté pour la pension militaire de retraite le temps pasé dans un service civil qui donne droit à la retraite pourvu toutefois que la durée des services militaires soit au moins de 20 ans.

728. Il est compté quatre années de service effectif, à titre d'études préliminaires, aux élèves de l'école polytechnique, au moment où ils entrent comme officiers dans les armes spéciales.

729. Le temps passé hors de l'activité, avec jouissance d'une pension de retraite, ne peut entrer dans la supputation du service effectif.

730. Il en est de même du temps pendant lequel une pension militaire aura été cumulée avec la solde d'activité dans les corps détachés de la garde nationale comme auxiliaire de l'armée, à moins que le pensionnaire n'ait acquis dans ce corps, et pour les causes énoncées au titre des droits à la pension pour blessures ci-après, des droits à une pension plus élevée, ou qu'il n'y ait fait campagne, auquel cas il jouit du bénéfice de l'article suivant.

731. Les militaires qui auront le temps de service exigé par les articles précédens pour la pension d'ancienneté, seront admis à compter en sus les années de campagnes, d'après les règles suivantes:

Sera compté pour la totalité, en sus de sa durée effective, le service militaire qui aura été fait:

1º Sur le pied de guerre;

2º Dans un corps d'armée occupant un territoire étranger, en temps de paix ou de guerre;

3° A bord pour les troupes embarquées en temps de guerre maritime;

4° Hors d'Europe, en temps de paix, pour les militaires envoyés d'Europe; le même service, en temps de guerre, leur sera compté pour le double en sus de sa durée effective; sera compté de la même manière le temps de captivité à l'étranger des militaires prisonniers de guerre.

Sera compté pour moitié en sus de sa durée effective:

1° Le service militaire sur les côtes en temps de guerre maritime;

2° Le service militaire à bord pour les troupes embarqués en temps de paix.

732. Dans la supputation des bénéfices attachés aux campagnes par l'art. 721, chaque période dont la durée aura été moindre de douze mois, sera comptée comme une année accomplie.

Néanmoins, il ne peut être compté plus d'une année dans une période de douze mois.

La fraction qui excède chaque période dont la durée aura été de plus d'une année sera comptée comme une année entière.

733. *D.* Quelle est la fixation de la pension d'ancienneté?

R. Après trente années de service effectif, les militaires ont droit au minimum de la pension d'ancienneté, déterminée pour leurs grades par le tarif annexé à la présente loi et rapporté ci-après.

Chaque année de service au-delà de trente ans, et chaque année de campagne supputée selon les articles 7 et 8, ajoutent à la pension un vingtième de la différence du minimum au maximum.

Le maximum est acquis à cinquante ans de service, campagnes comprises.

634. La pension d'ancienneté se règle sur le grade dont le militaire est titulaire.

Si néanmoins il demande sa retraite avant d'avoir au moins deux ans d'activité dans ce grade, la pension se règle sur le grade immédiatement inférieur.

735. La pension de retraite de tout officier, sous-officier, caporal ou brigadier, ayant douze ans accomplis d'activité dans son grade, est augmentée d'un cinquième.

736. Dans ce cas spécial, le bénéfice du présent article est acquis aux officiers, sous-officiers, caporaux ou brigadiers qui ont droit au maximum déterminé par le tarif ci-après rapporté.

DEUXIÈME LEÇON.

Pensions pour causes de blessures ou infirmités.

737. **D.** Comment et par quels moyens constate-t-on le droit à la pension pour causes de blessures ou infirmités?

R. Les blessures donnent droit à la pension de retraite, lorsqu'elles sont graves et incurables et qu'elles proviennent d'événemens de guerre ou accidens éprouvés dans un service commandé.

Les infirmités donnent le même droit, lorsqu'elles sont graves et incurables et qu'elles sont reconnues provenir de fatigues ou dangers de services militaires.

Les causes, la nature et les suites des blessures ou infirmités seront justifiées dans les formes et dans les délais qui sont déterminés par le règlement d'administration publique rapporté à la 6ᵉ Leçon.

738. Dans les cas moins graves, elles ne donnent lieu à pension que sous les conditions suivantes :

1° Pour l'officier, si elles les mettent hors d'état de rester en activité, et lui ôtent la possibilité d'y rentrer ultérieurement ;

2° Pour le sous-officier, caporal ou brigadier et soldat, si elles le mettent hors d'état de servir et de pourvoir à sa subsistance.

739. *D.* Quelle est la fixation de la pension pour cause de blessures ou infirmités ?

R. Pour la cécité, l'amputation ou la perte absolue de l'usage des deux membres, la pension est fixée conformément au tarif annexé à la présente loi.

740. Les blessures ou infirmités qui occasionnent la perte absolue de l'usage d'un membre, ou qui y sont reconnues équivalentes, donnent droit au minimum de la pension d'ancienneté, quelle que soit la durée des services. Chaque année de service, y compris les campagnes supputées selon les art. 721 et 722, ajoute à cette pension un vingtième de la différence du minimum au maximum d'ancienneté.

Le maximum est acquis à vingt ans de service, campagnes comprises.

741. Pour les blessures ou infirmités qui mettent le militaire dans une des positions prévues par l'article 728, les pensions sont fixées pareillement au minimum d'ancienneté, mais elles ne sont augmentées dans la proportion déterminée par l'article précédent, que pour chaque année de service au-delà de trente ans, campagnes comprises. Le maximum est acquis à cinquante ans de service, y compris les campagnes.

742. La pension pour cause de blessures ou infirmités se règle sur le grade dont le militaire est titulaire.

L'article 726 ci-dessus est applicable à la pension pour cause de blessures.

TROISIÈME LEÇON.

Pension des veuves et des orphelins.

743. *D.* Comment et par quels moyens constate-t-on le droit à la pension des veuves et des orphelins ?

R. Ont droit à une pension viagère :

1° Les veuves des militaires tués sur le champ de bataille ou dans un service commandé ;

2° Les veuves des militaires qui ont péri à l'armée ou hors d'Europe, et dont la mort a été causée, soit par des événemens de guerre, soit par des maladies contagieuses, aux influences desquelles ils ont été soumis par les obligations de leur service ;

3° Les veuves des militaires morts des suites de blessures reçues, soit sur le champ de bataille, soit dans un service commandé, pourvu que le mariage soit antérieur à ces blessures.

La cause, la nature et la suite des blessures seront justifiées dans les formes et dans les délais prescrits par le règlement rapporté ci-après ;

4° Les veuves des militaires morts en jouissance de la pension de retraite ou en possession des droits à cette pension, pourvu que le mariage ait été contracté deux ans avant la cessation de l'activité ou du traitement militaire du mari, ou qu'il y ait eu un ou plusieurs enfans issus du mariage antérieurement à cette cessation.

Dans les cas prévus par le présent article, le mariage contracté par les militaires en activité de service, postérieurement à la promulgation du décret du 16 juin 1808, n'ouvrira de droits à la pension aux veuves et aux enfans qu'autant qu'il aura été autorisé dans les formes dudit décret.

744. En cas de séparation de corps, la veuve d'un militaire ne peut prétendre à aucune pension ; les enfans, s'il y en a, seront considérés comme orphelins.

745. Après le décès de la mère, ou lorsque, par l'effet des dispositions de l'article précédent, elle se trouve déchue de ses droits à la pension, l'enfant ou les enfans mineurs des militaires morts dans les cas prévus par l'art. 19 de la loi, ont droit, quel que soit leur nombre, à un secours annuel égal à la pension que la mère aurait été susceptible d'obtenir.

Ce secours est payé jusqu'à ce que le plus jeune d'entre eux ait atteint l'âge de 21 ans accomplis ; mais dans ce cas, la part des majeurs est reversible sur les mineurs.

746. *D.* Quelle est la fixation de la pension des veuves et des orphelins ?

R. La pension des veuves des militaires est fixée au quart du maximum de la pension d'ancienneté affectée au grade dont le mari est titulaire, quelle que soit la durée de son activité dans ce grade.

Celle des veuves des caporaux, brigadiers, soldats et ouvriers ne pourra être moins de 100 fr.

QUATRIÈME LEÇON.

Dispositions générales.

747. D. Quelles sont les immunités de la pension et les causes qui peuvent détruire le droit?

R. Les pensions militaires sont personnelles et viagères. Elles sont inscrites comme dettes de l'Etat au livre des pensions du trésor public.

748. Tout pourvoi contre la liquidation d'une pension, doit être formé, à peine de déchéance, dans le délai de trois mois, à partir du jour du paiement des arrérages, pourvu qu'avant ce premier paiement les bases de la liquidation aient été notifiées.

749. Le droit à l'obtention ou à la jouissance des pensions militaires est suspendu.

Par la condamnation à une peine afflictive ou infâmante, pendant la durée de la peine;

Par les circonstances qui font perdre la qualité de Français, durant la privation de cette qualité;

Par la résidence hors du royaume, sans l'autorisation du roi, lorsque le titulaire est Français ou naturalisé Français.

750. Les pensions militaires dans la fixation desquelles il sera fait application de l'art. 717, ne pourront, en aucun cas, être cumulées avec un traitement civil d'activité.

751. Les pensions militaires et leurs arrérages sont incessibles et insaisissables, excepté en cas de débet envers l'Etat, ou dans les circonstances prévues par les art. 203 et 305 du Code civil.

Dans les deux cas, les pensions militaires sont susceptibles de retenues qui ne peuvent excéder le cinquième de leur montant pour cause de débet, et le tiers pour alimens.

CINQUIÈME LEÇON.

Dispositions transitoires.

752. D. Quelles sont les restrictions applicables à la loi sur les pensions eu égard aux services antérieurs à sa promulgation?

R. Les services antérieurs à la présente loi ne pourront être comptés au-dessous de 14 ans pour les tambours et trompettes, et de l'âge de 16 ans tant pour les autres militaires que pour les élèves des écoles spéciales, sauf le cas prévu par l'art. 5 de la loi.

753. Les trois années de service accordées à titre d'études préliminaires aux officiers des corps de l'artillerie et du génie et des ingénieurs géographes qui n'ont pas été élèves à l'Ecole polytechnique, continueront de leur être comptées pour la pension de retraite.

754. Tous les droits acquis en vertu des dispositions antérieures à la présente loi, relativement aux services susceptibles d'être admis dans la liquidation des pensions militaires, sont conservés sauf les restrictions spécifiées dans l'article suivant.

755. Les services hors des armées nationales qui ne sont admissibles pour les pensions de retraite qu'en vertu des ordonnances des 25 et 31 mai 1814, ne peuvent être comptés qu'autant qu'ils seront accompagnés de quinze ans au moins de service effectif dans les armées nationales.

Dans aucun cas, les campagnes faites dans le cours desdits services ne donneront lieu au bénéfice des art. 721 et 722.

Les années de service, et les campagnes dans les armées en guerre contre la France, ne seront jamais comptées pour la pension.

Toutefois, les droits acquis par les traités ou les droits antérieurs à 1814 sont maintenus.

Est réputé temps d'activité pour le bénéfice de l'art. 726 :

1° Le temps passé en jouissant de la solde de non activité ;

2° Le temps passé en réforme.

756. Les dispositions de la présente loi seront appliquées à toutes les pensions non inscrites, avant sa promulgation, au livre de la dette publique.

757. Le décret du 24 octobre 1805, qui compte le mois de vendémiaire an XIV pour une campagne entière, continuera d'être observé.

SIXIÈME LEÇON.

Justifications à faire en certains cas pour établir les droits à la pension.

758. **D**. Quels sont les justifications à faire par les militaires ?

R. Tout militaire qui aura à faire valoir des droits à la pension de retraite pour causes de blessures ou d'infirmités, devra faire sa demande avant de quitter le service.

L'administration de la guerre fera procéder immédiatement, après la réception de cette demande, à la vérification des droits du réclamant, selon les règles établies par l'ordonnance du 2 juillet 1831.

759. Si, par une aggravation consécutive, les blessures ou infirmités qui peuvent donner lieu à une pension ont occasionné la perte absolue de l'usage d'un membre, le réclamant aura un délai d'un an pour faire sa demande.

Ce délai, qui court du jour de la cessation de l'activité, sera porté à deux ans, si les blessures ou infirmités ont occasionné l'amputation, ou la perte totale de la vue.

Néanmoins la demande ne sera admissible qu'autant que les blessures ou infirmités auront été régulièrement constatées avant que le militaire ait quitté le service.

760. Toute demande d'admission à la pension de retraite pour cause de blessures ou infirmités, devra être appuyée d'un certificat dans lequel les officiers de santé en chef de l'hôpital militaire ou de l'hospice civil où le dernier traitement aura été suivi, constateront la nature et les suites desdites blessures ou infirmités, et déclareront qu'elles leurs paraissent incurables.

A l'égard des militaires qui n'auront pas été traités dans un de ces établissemens, le certificat sera délivré par les officiers de santé en chef d'un des hôpitaux militaires ou hospices civils préalablement désignés par le ministre de la guerre pour ces sortes de visites.

761. Toute demande de pensions pour cause de blessures ou infirmités sera en outre appuyée :

1° De l'état des services et campagnes ;

2° Des justifications prescrites par les art. 762 et 763 ci-après.

762. Les causes des blessures seront justifiées soit par les rapports officiels et autres documens authentiques qui auront constaté le fait, soit par les certificats des autorités militaires, soit enfin par une information ou enquête prescrite et dirigée par les mêmes autorités.

763. Lesdites justifications spécifieront la nature des blessures, ainsi que l'époque, le lieu et les circonstances, soit des événemens de guerre, soit du service commandé, où elles auront été reçues.

764. Les causes des infirmités seront justifiées soit par les rapports officiels et autres documens authentiques qui auront constaté l'époque et les circonstances de leur origine, soit par les certificats des autorités militaires, soit enfin par une information ou enquête prescrite et dirigée par les mêmes autorités.

765. La demande de tout militaire faisant partie d'un régiment ou autre corps de troupe, sera instruite par les soins du conseil d'administration.

SEPTIÈME LEÇON.

Pièces à produire à l'appui des demandes de pension.

766. *D.* Quelles sont les pièces qui doivent accompagner les mémoires de propositions de retraite ?

Pour ancienneté.

R. A. Demande motivée de l'intéressé, visée pour en constater la date et servir de légalisation, par le conseil d'administration ou le chef militaire qui l'aura reçue.
B. Acte de naissance.
C. État des services et campagnes.
D. Acte d'individualité explicatif des différences remarquées entre les pièces, s'il y en a.

Pour blessures.

Les pièces ci-dessus A, B, C.
D. Justification des causes et de la nature des blessures ou infirmités, conformément aux art. 762, 763, 764 et 765 ci-dessus.
E. Déclaration d'incurabilité.

TARIF

DES

PENSIONS POUR L'ARMÉE DE TERRE.

DÉSIGNATION DES GRADES.	ANCIENNETÉ DE SERVICE.			CAUSES DE BLESSURES OU INFIRMITÉS GRAVES ET INCURABLES.							
	Minimum de 30 ans de Service effectif.	Accroissement pour chaque année de service effectif au-delà de 30 ans, et pour chaque campagne.	Maximum de 50 ans de service, campagnes comprises.	Amputation de deux membres ou perte totale de la vue, pension fixe.	Amputation d'un membre ou perte absolue de l'usage de deux membres, pension fixe.	Blessures ou infirmités graves qui occasionnent la perte absolue de l'usage d'un membre.			Blessures ou infirmités moins graves qui mettent dans l'impossibilité de rester au service.		
						Minimum.	Accroissement pour chaque année de service, campagnes comprises.	Maximum à 20 ans de service, campagnes comprises.	Minimum.	Accroissement pour chaque année de service, au-delà de 30 ans, y compris les campagnes.	Maximum à 50 ans, campagnes comprises.
	f.	f.	f.	f.	f.	f.	f.	f.	f.	f.	f.
Colonel	2400	30 0	3000	3000	3000	2400	30 0	3000	2400	30 0	3000
Lieutenant-colonel	1800	30 0	2400	2400	2400	1800	30 0	2400	1800	30 0	2400
Chef de bataillon, d'escadron et major	1500	25 0	2000	2000	2000	1500	25 0	2000	1500	25 0	2000
Capitaine de toutes armes	1200	20 0	1600	1600	1600	1200	20 0	1600	1200	20 0	1600
Lieutenant id.	800	20 0	1200	1200	1200	800	20 0	1200	800	20 0	1200
Sous-Lieutenant id.	600	20 0	1000	1000	1000	600	20 0	1000	600	20 0	1000
Adjudant-sous-Officiers	400	10 0	600	600	600	400	10 0	600	400	10 0	600
Sergent-Major, Maréchal-des-Logis chef, tambour et Trompette-Major	300	10 0	500	500	500	300	10 0	500	300	10 0	500
Sergent et Maréchal-des-Logis	250	7 50	400	400	400	250	7 50	400	250	7 50	400
Caporal et Brigadier	220	6 0	340	340	340	220	6 0	340	220	6 0	340
Soldat de toutes armes	200	5 0	300	300	300	200	5 0	300	200	5 0	300